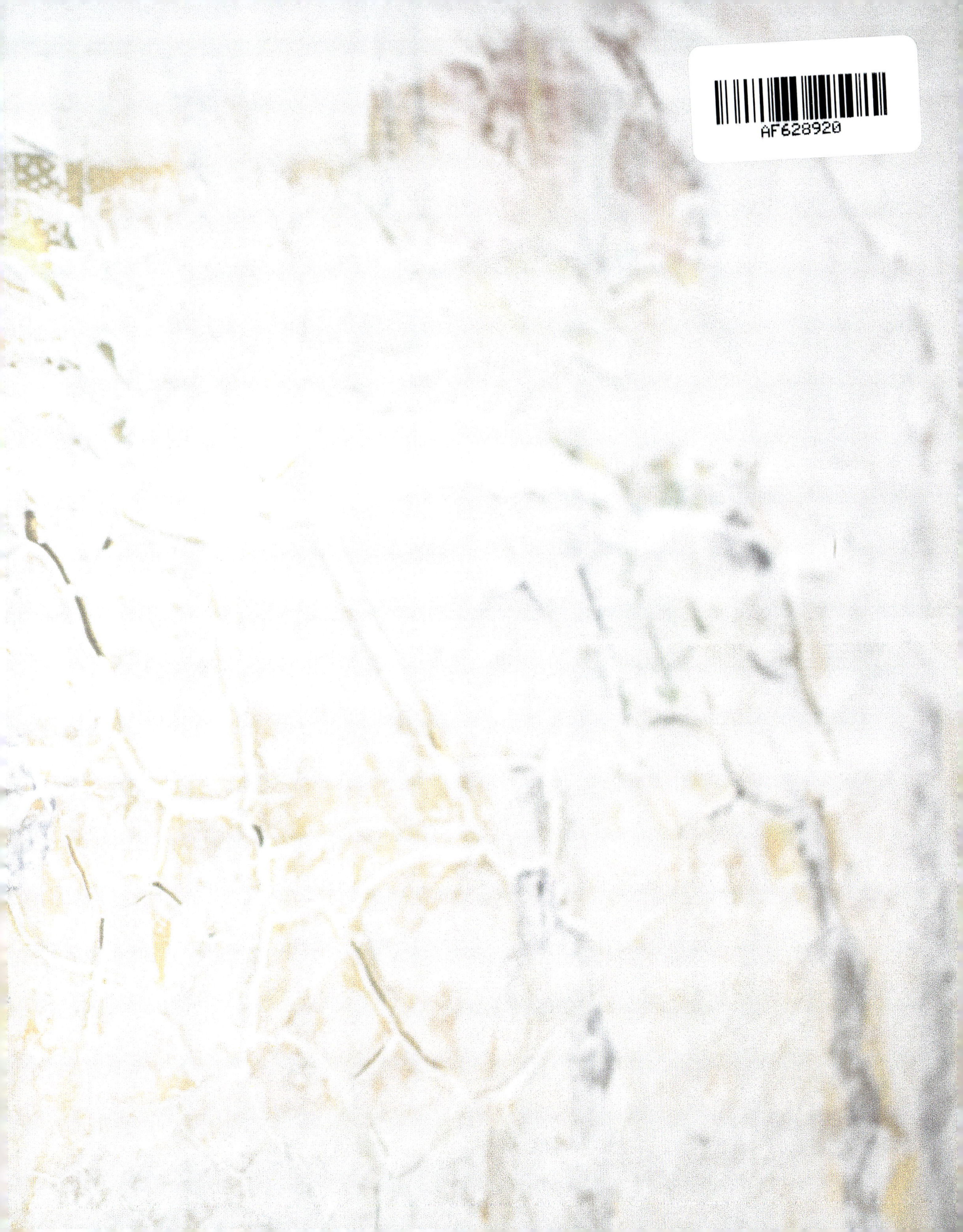

INES KOLLAR

ACRYL & CO

Experimentelle Techniken

CV

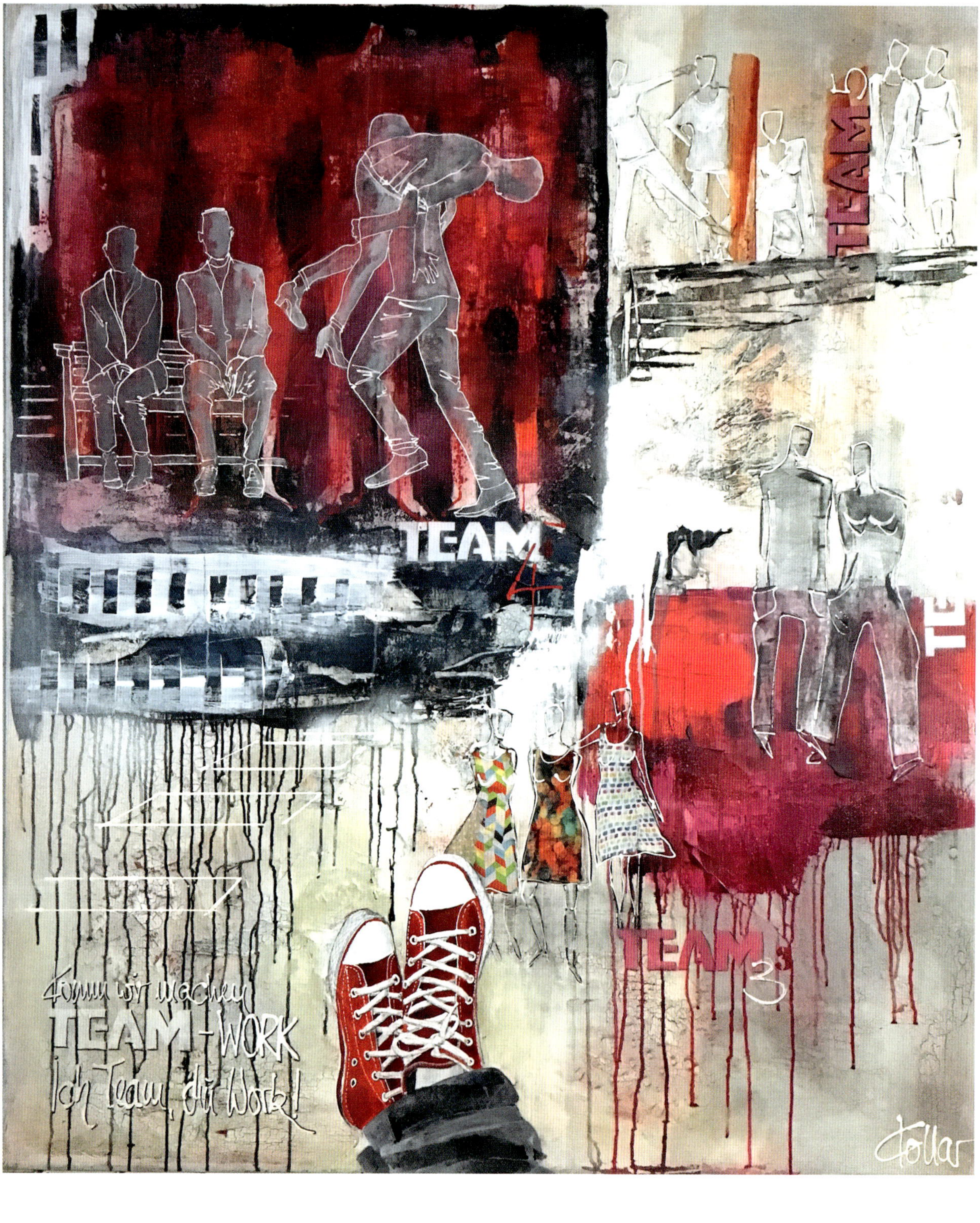
TEAM 5
TEAM 4
TEAM 3
Komm wir machen
TEAM-WORK
Ich Team, du Work!

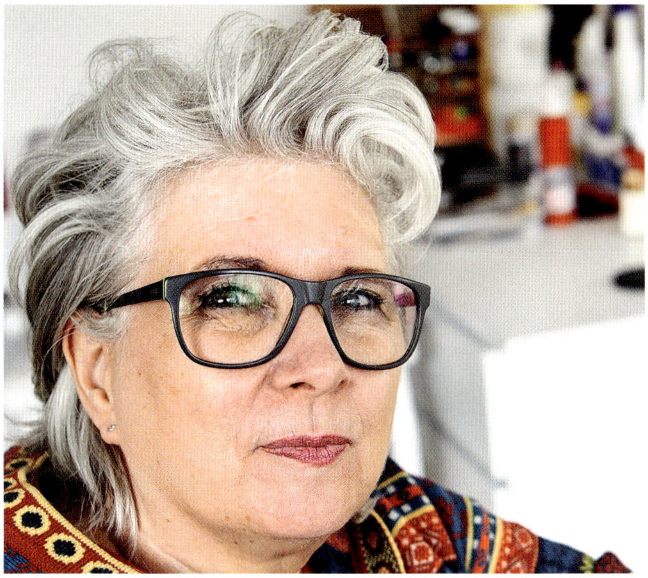

Ines Kollar

freischaffende Künstlerin

www.ines-kollar.de

In Hamburg geboren, lebe und arbeite ich seit 2008 im schleswig-holsteinischen Pinneberg.

Seit Mitte der neunziger Jahre gehört meine Leidenschaft der Kunst. Bis heute war ich an über 200 nationalen und internationalen Ausstellungen beteiligt. So etwa in der Otto-Flath-Stiftung und der städtischen Galerie Wollhalle in Güstrow, im Frauenmuseum Bonn, beim Asien-Pazifik-Austausch im Bundespresseamt Berlin sowie in der Galerie Kyonghyang und im Posco-Art-Museum im südkoreanischen Seoul.

Kurz und knapp steht seit vielen Jahren in meiner Vita: »Erfolgreich präsentierte sie bisher ihre Arbeiten auf dem Gebiet der abstrakten Malerei. In Einzel-, Gruppen- oder Gemeinschaftsausstellungen und -projekten. Regional, national und international.«

Zu den Projekten gehört seit 2009 eine jährliche Spendenaktion der »Ateliergemeinschaft Ines Kollar«. Die Verkaufserlöse kommen zu hundert Prozent verschiedenen sozialen Einrichtungen im Norden zugute. In neun Jahren konnten 9600 Euro gespendet werden. Darauf sind wir stolz und jedes Jahr wiederholt voller neuer Ideen und Tatendrang.

Meine künstlerische Tätigkeit umfasst ein breites Spektrum an kreativen Themen.

Neben Malkursen und Workshops im Atelier bin ich als Dozentin für abstrakte Malerei bei Reiseveranstaltern und Unternehmen unterwegs.

Am liebsten male ich bei mir im Atelier im Erdgeschoss unseres Hauses mit Blick in den Garten. Mein Mann Jürgen und ich sind gerne Gastgeber. Daher finden im Atelier auch Veranstaltungen statt. Weil ich leidenschaftlich gern koche und backe, werden die Besucher bei Ausstellungen, beim »Offenen Garten« und beim jährlichen »Plausch im Atelier« gut und reichlich verköstigt. Es macht uns Freude, ein offenes und gastfreundliches Atelierhaus zu haben.

**Komm wir machen Teamwork ...
(Ich Team – Du Work!)**
120 x 140 cm
MachART
Untergrund: Spachtelmasse, Marmormehl, Acrylfarbe mit Farbverläufen und Monotypien auf Leinwand, Turnschuhe: gegenständliche Malerei, Figuren: gemalt, gedruckt und Monotypien, Schrift: Handschrift mit der Füllflasche und Schablonen

Inhalt

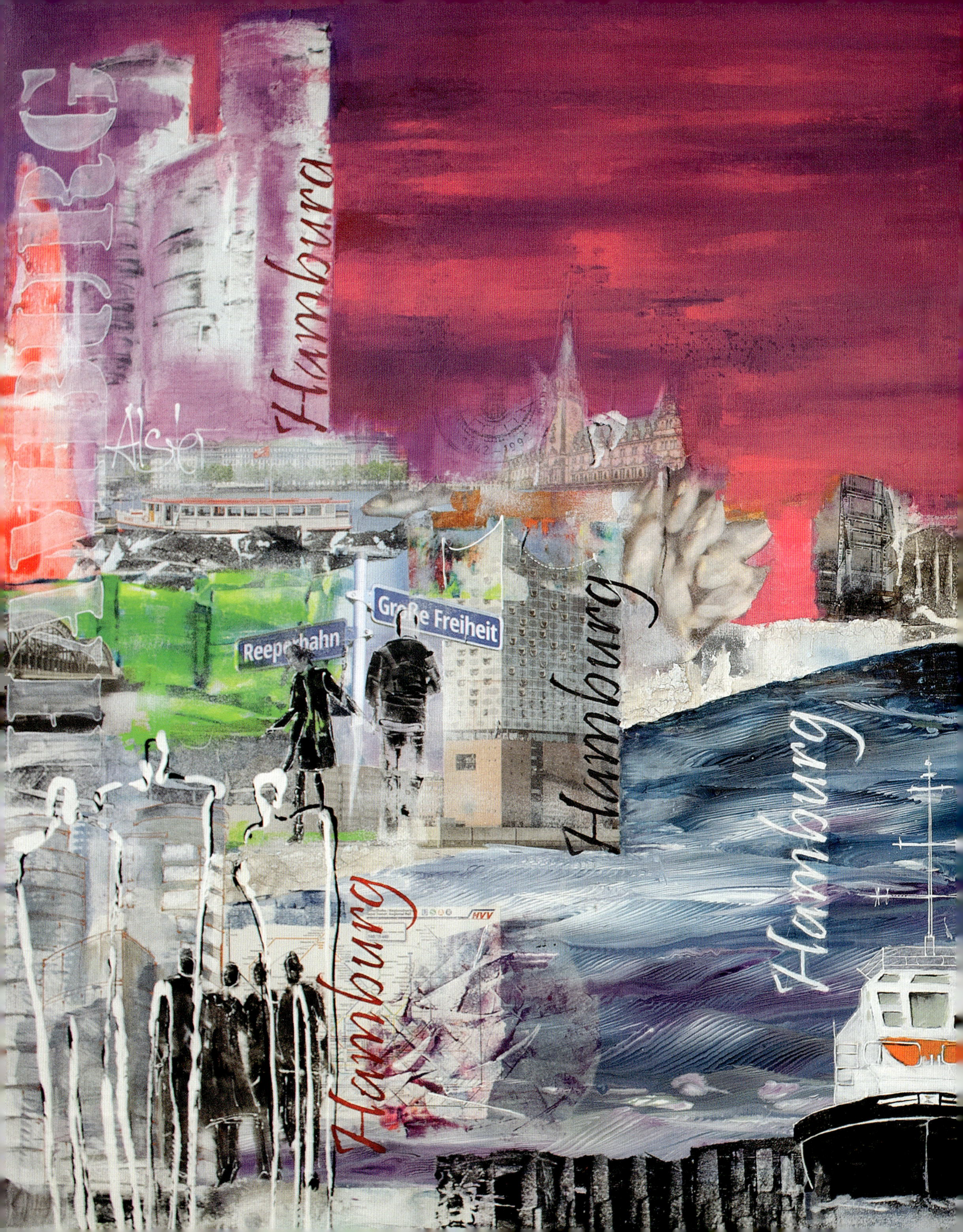
HAMBURG
Hamburg
Alster
Große Freiheit
Reeperbahn
Hamburg
Hamburg
Hamburg
HVV

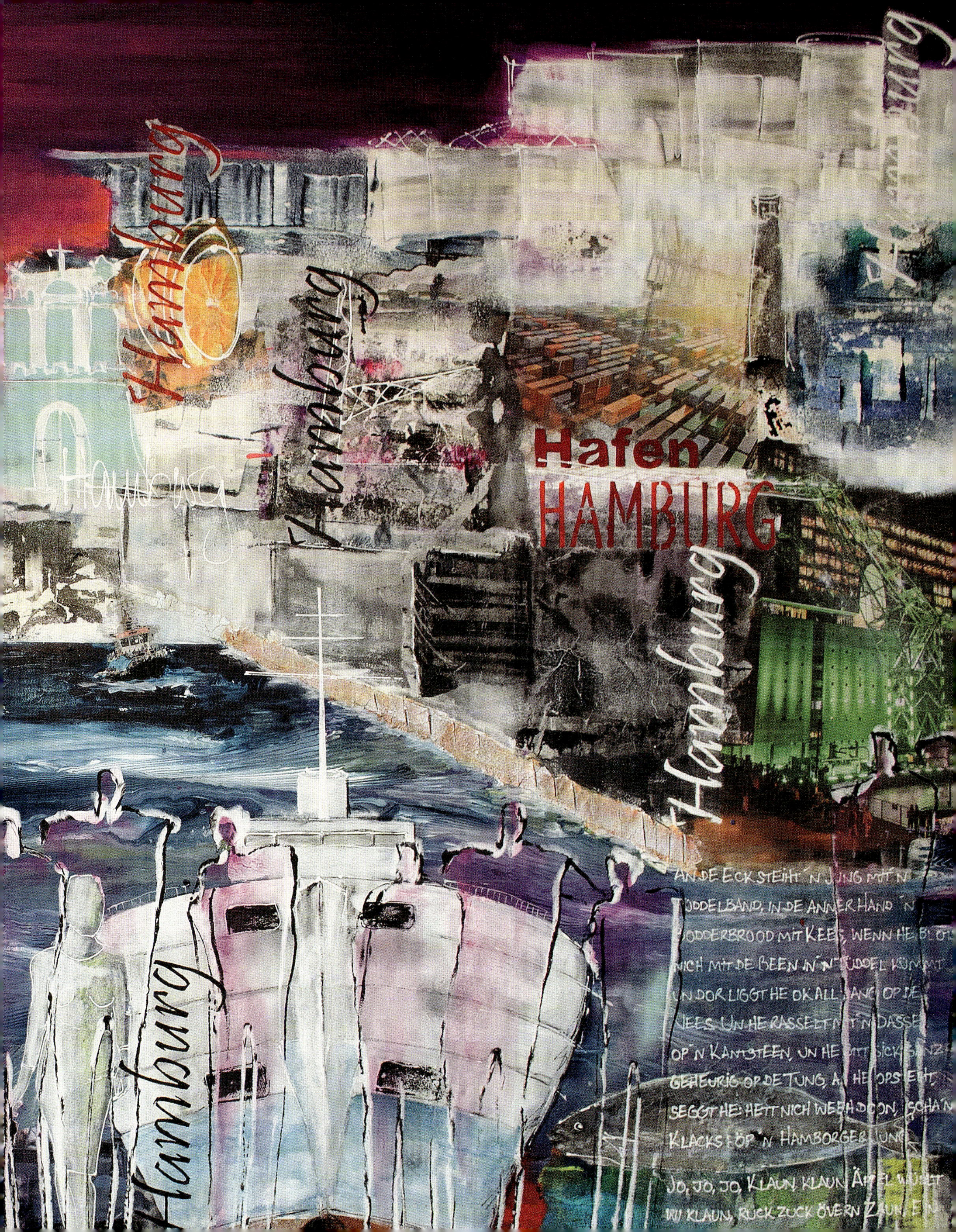
Hamburg
Hamburg
Hamburg
Hafen
HAMBURG
Hamburg
Hamburg
AN DE ECK STEIHT 'N JUNG MIT 'N
TÜDDELBAND, IN DE ANNER HAND 'N
BODDERBROOD MIT KEES, WENN HE BLOT
NICH MIT DE BEEN IN 'N TÜDDEL KÜMMT
UN DOR LIGGT HE OK ALL LANG OP DE
NEES. UN HE RASSELT
OP 'N KANTSTEEN, UN HE
GEHEURIG OP DE TUNG,
SEGGT HE: HETT NICH WEH DOON,
KLACKS FÖR 'N HAMBORGER JUNG.
JO, JO, JO, KLAUN, KLAUN ÄPPEL
WI KLAUN, RUCK ZUCK ÖVERN ZAUN, EIN

Einführung

Anfänger, Fortgeschrittener oder irgendwo dazwischen, talentiert oder untalentiert, spontan oder zögerlich, neugierig oder wissend oder der Ansicht »Ich konnte ja noch nie, aber …«: Hier bist du richtig.

In meinen Kursen duzen wir uns. Die Kommunikation ist in der kreativen Welt mit dem »Du« vertrauter und deshalb verwende ich es auch hier in diesem Buch. Das soll nicht despektierlich wirken, nur die Erklärungen einfacher machen.

Womit male ich?

Zu den Werkzeugen und Materialien zählen: Acrylfarben, Aquarell- und Bleistifte, Ölkreiden, Spachtelmassen, Strukturpasten, Marmormehl, Monotypien, Frottagen, Kaffee, Schellack, Moorlauge, Bitumen, Wachs, Tinten, Plakatabrisse, Schöpfpapiere und alles, was sonst noch geht.

Was male ich?

Eigentlich alles, was mir so in den Sinn kommt. Da gehen die Pferde oft mit mir durch. Es ist spannend und auch eine große Freiheit, sich vielen Themen widmen zu können. Mir gefällt die Umsetzung der figurativen Motive.

Als Hamburgerin habe ich auch eine Affinität zum Hafen und zu urbanen Themen. Oft in der Kombination abstrakt und gegenständlich, in Verbindung mit gezeichneten Elementen. Ich will mich da nicht so festlegen. Einige Originale sind mit einem Augenzwinkern zu betrachten.

Ich fange einfach an und entscheide dann spontan. Wenn während des Arbeitsprozesses ein Thema entsteht, ist das super. Vielleicht bleibe ich eine Zeit lang dabei oder nehme es nach ein paar Jahren wieder auf. Bei den gegenständlichen Bildern skizziere ich vor.

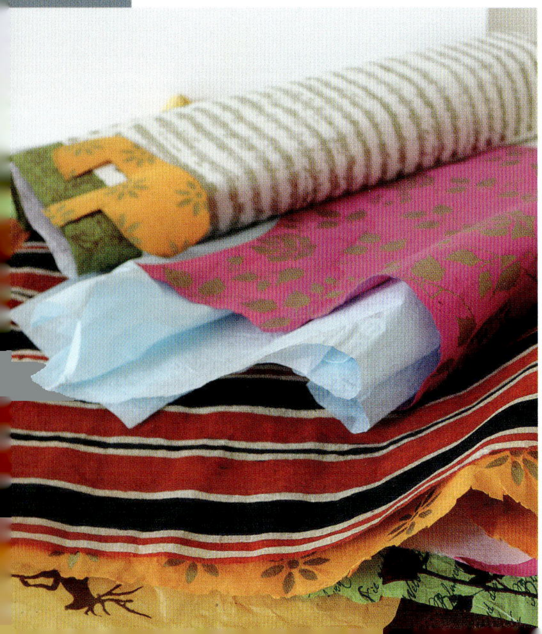

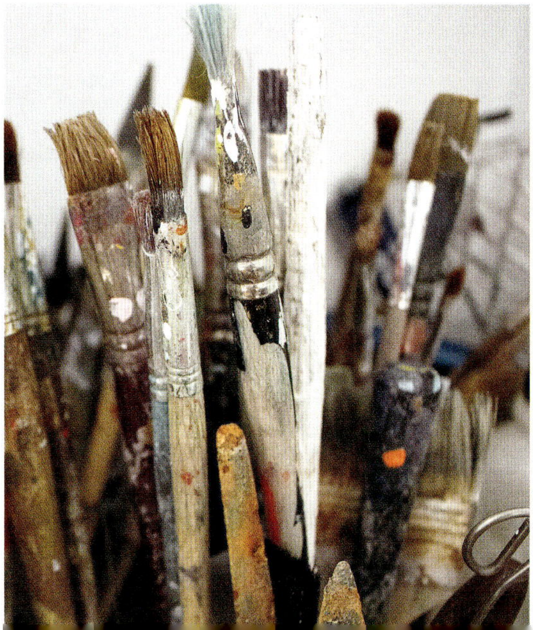

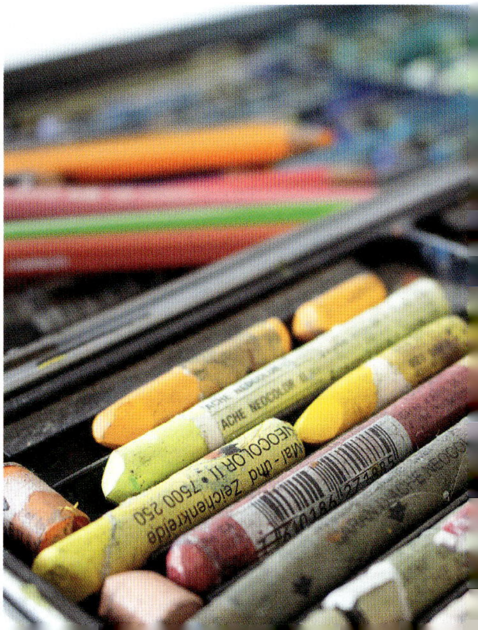

Wie male ich?

Meine Malerei und meine Kurse stehen unter dem Motto: »Geht nicht – gibt's nicht!« Diese Philosophie zieht sich wie ein roter Faden durch meine Malerei, Projekte, Kurse, Workshops und Malreisen.

Das heißt: Alles ist möglich und man kann alles verbinden: abstrakt und gegenständlich, Zeichnungen, Collagen, Skizzen, Monotypien, Frottagen, Strukturen.

Die Möglichkeiten sind grenzenlos, aber niemals ohne Spaß am Experimentieren, ein abstrakter Farbenrausch also

- mit oder ohne Strukturen aus Pasten, Marmormehl und Papieren,
- mit oder ohne Skizzen und Zeichnungen von Menschen, Blumen, Silhouetten und Formen,
- mit oder ohne Collagen aus Fotos, Illustrierten, Zeitungen und Plakaten,
- mit oder ohne Monotypien und Frottagen,
- mit oder ohne Kohle, Graphit, Schrift, Schellack und Kaffee ...

Die Techniken sind vielfältig, es darf, soll und muss alles ausprobiert werden. Nichts steht vorab fest, es wird spontan entschieden. Es gilt, sich einzulassen, sich etwas zuzutrauen und die Malweise, die »Handschrift« sowie das »Handwerk« zu vertiefen oder zu verfeinern. Flächen werden im schöpferischen Prozess dem Zufall überlassen, entdeckt, sortiert oder überarbeitet. Kurzum: Es wird experimentiert, was die Materialien hergeben.

Viele Dinge bewahre ich auf, da man diese ja, vielleicht, noch mal irgendwie brauchen könnte. Somit besitze ich einen unendlichen Vorrat an kostbaren Schätzen, wie etwa Bücher, Fotos, Zeitschriften, Plakatabrisse, Monotypien, Frottagen, Schnipsel und andere Materialien. Wenn ich nicht von Zeit zu Zeit schweren Herzens aussortieren würde, und das fällt mir wirklich schwer, würde ich unter akutem Platzmangel leiden.

Was brauche ich zum Malen?

Zeit, manchmal sogar Zeitdruck ...

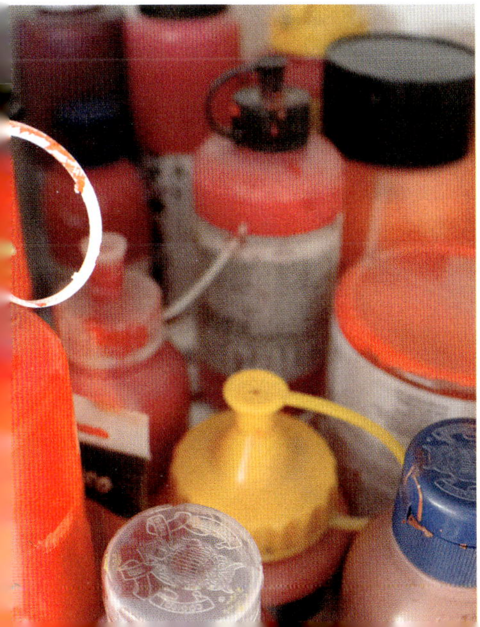

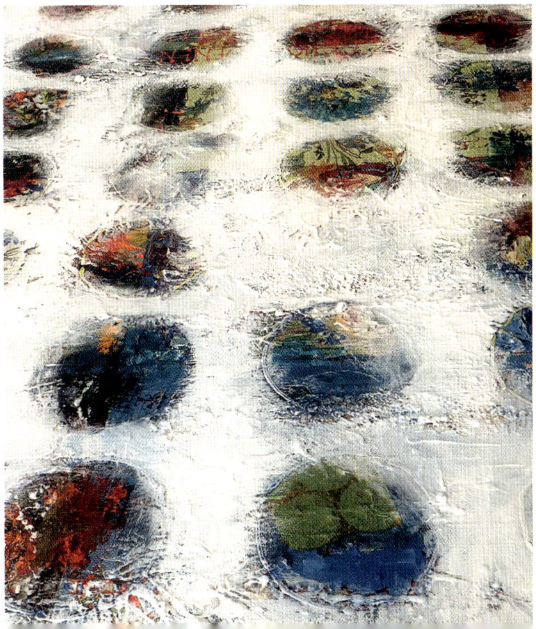

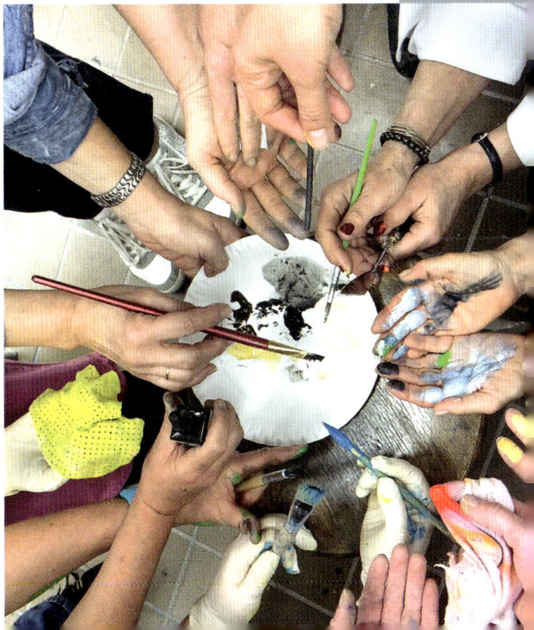

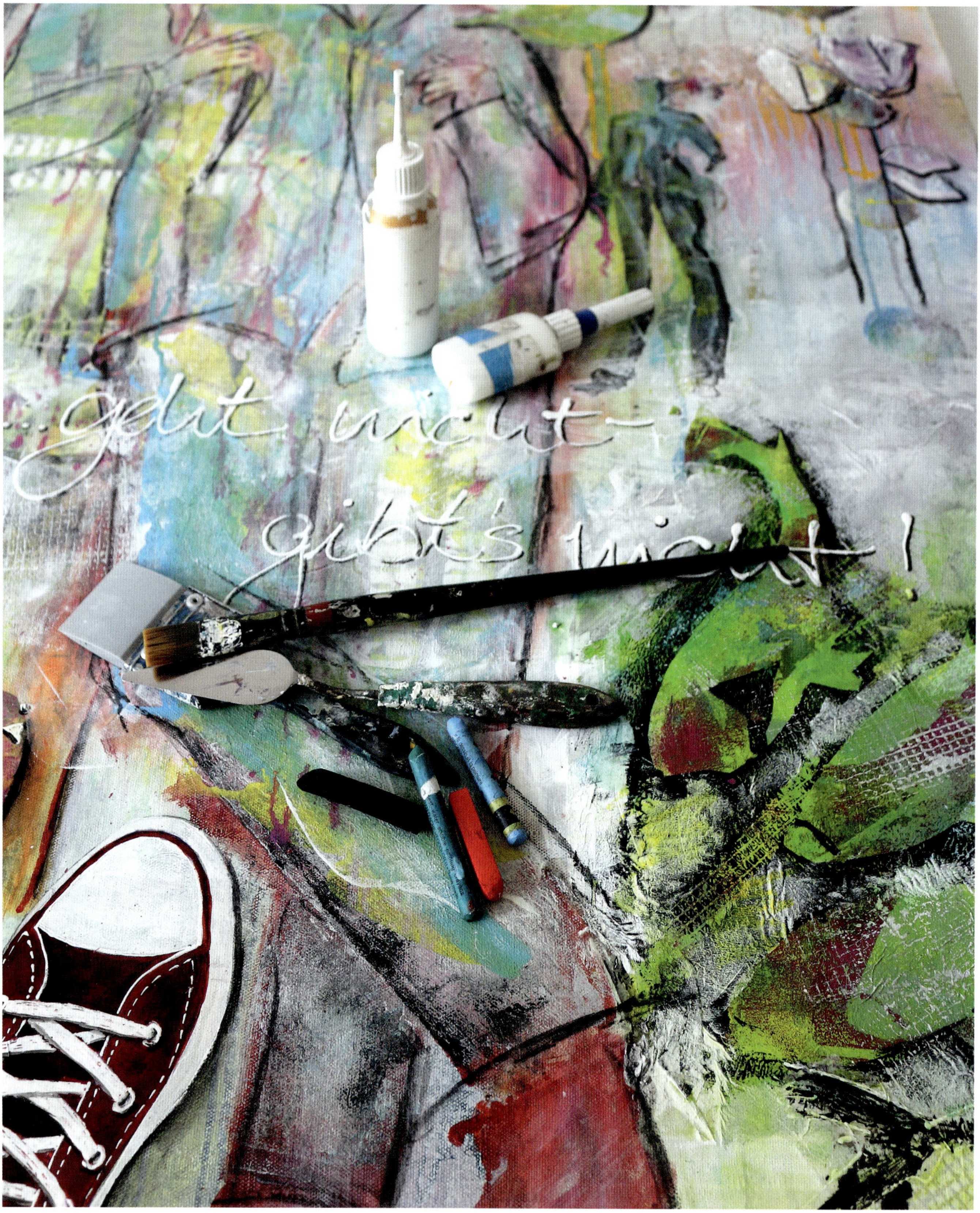
..geht nicht –
gibt's nicht!

Handwerkzeug

Als Werkzeuge bevorzuge ich Spachtel, Malmesser, Colour Shaper, Gummirollen, Füllflaschen, Pinsel, auch mal eine Regenrinne zum Rakeln oder meine Hände.

Malspachtel oder Malmesser

Malspachtel aus Metall können in der abstrakten Acryl- und Ölmalerei sowie anderen Kunsttechniken eingesetzt werden. Die Malmesser haben eine elastische Klinge und einen Holzgriff. Die Spachtel eignen sich ideal zum Verarbeiten von pastosen Farben, Spachtelmassen, Pasten und Gelen.

TIPP **Achte beim Kauf auf einen »hohen Metallsteg«. Dadurch sind die Finger beim Festhalten des Holzgriffes weiter von der Farbfläche entfernt. Seidenpapier und Zeitungsausschnitte lassen sich beim Aufkleben mit dem Malspachtel gut andrücken.**

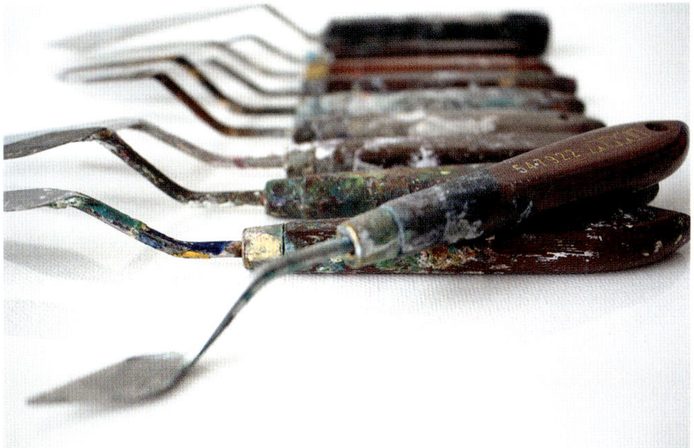

Gummispachtel (Colour Shaper)

Mit Colour Shapern – aus einem speziellen Gummigemisch – lassen sich außergewöhnliche Effekte, Strukturen und Verläufe kreieren. Für besonders dünnes oder großflächiges Auftragen von Acryl- und Ölfarben, Gesso, Binder und Strukturpasten.

Sie überzeugen in der Handhabung und gewährleisten komplette Oberflächenkontrolle. Der spitz zulaufende Gummipinsel vereinfacht viele Maltechniken.

Damit lässt sich Farbe auftragen, vermischen, formen und gestalten. Der Gummipinsel – in Grau – ist biegsam und doch stabil. Die schmale Kante eignet sich ebenfalls zum Formen und Ziehen präziser Linien. Die vielseitigen Modellierpinsel sind in unterschiedlichen Breiten erhältlich.

In einer weiteren Ausführung gibt es die Colour Shaper auch als kleine Gummipinsel in einer runden, eckigen oder konkaven Form. Sie sind gut zum Herausarbeiten feiner Linien oder Konturen und für Monotypien geeignet. Die Colour Shaper lassen sich gut reinigen.

TIPP **Leider sind mir einige Gummispachtel auseinandergefallen. Aber selbst ist die Frau. Ich habe zwei Löcher durch Metall und Gummi gebohrt und mit Schrauben und Muttern wieder befestigt. Die Reparatur lohnt sich; zum einen sind die Colour Shaper nicht so günstig, zum anderen ist die Gummilippe von guter Qualität und lange nutzbar.**

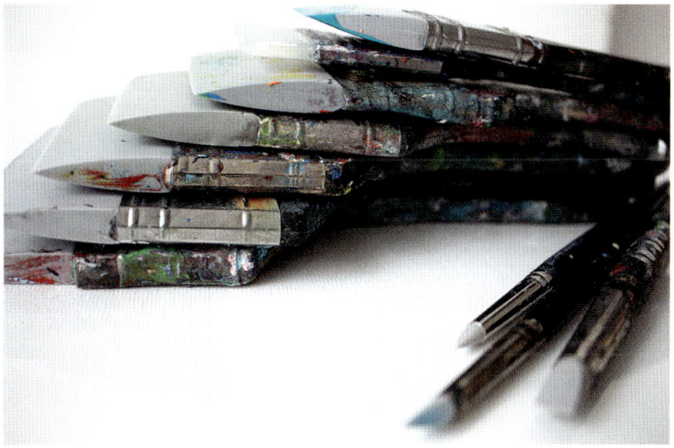

Farbwalzen und Gummirollen

Farbwalzen sind mit einer Gummioberfläche ausgestattet. Die eigentliche Verwendung ist für Linoldruck, Holzstich und Holzschnitt gedacht. Ich setze die Rollen für Farbaufträge, zum Andrücken, für Musterzeichnungen und zum Verbinden von Farbfeldern ein und verwende gern einfache, schmale Gummirollen zum Tapezieren aus dem Baumarkt.

Der große Durchmesser der Rolle und die weiche Gummihärte eignen sich für eine besonders hohe Farbaufnahme. Das Werkzeug ist stabil, für hohe Beanspruchung geeignet und einfach zu reinigen.

Die Farbwalze ist so konzipiert, dass sie auf ihren »Füßchen« abgesetzt werden kann, ohne dass die eingefärbte Walze den Untergrund berührt.

Vor einiger Zeit habe ich im Internet alte Malerfarbrollen aus Gummi ersteigert. Diese wurden in den fünfziger Jahren für die Muster auf den gestrichenen Wänden eingesetzt, um die Illusion einer Tapete zu erzeugen. Du kannst auch um eine große Baumarkt-Gummirolle Fäden, Gummibänder oder »Knallfolie« wickeln und damit Muster erzeugen.

Wenn du die Walze benutzt, sollte die Farbe auf der gesamten Rolle verteilt sein. Am besten auf einem Stück Papier oder auf einer Leinwand die Farbe »einrollen«. Versuche, von Anfang an mit mindestens zwei Farben oder Farbschattierungen zu arbeiten. Du hast sofort ein gutes Ergebnis mit einer gewissen Tiefe und keine gleichmäßige, langweilige Fläche.

TIPP Für meine Malweise reichen die Gummirollen aus dem Baumarkt.

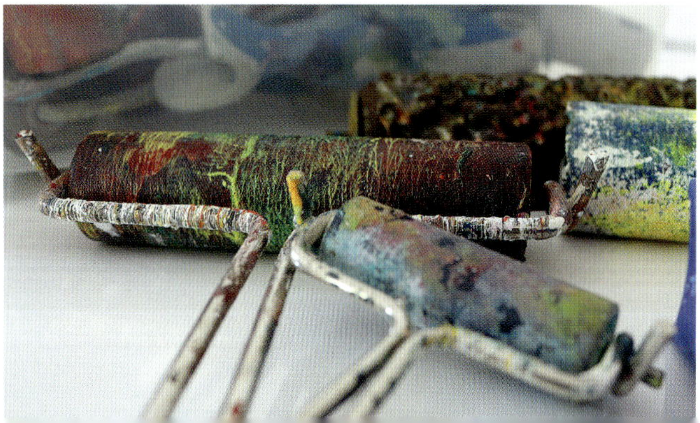

Füllflaschen

Sogenannte Leerflaschen aus lösungsmittelfestem Polyäthylen sind im Handel zu beziehen. Sie sollten einen Verschluss haben und gegen das Eintrocknen fest verschließbar sein. Es eignen sich auch leere Flaschen aus dem Haushalt. Die Flaschen sind aufgrund ihrer Flexibilität gut zum Schreiben und Linienziehen geeignet. Du kannst ein wenig Druck ausüben und den Strich besser steuern.

Es braucht etwas Geduld, die richtige Farbkonsistenz zu mischen: Erst ein wenig Wasser mit dem feinen Sprüher, dann Acrylfarbe einfüllen und wieder Wasser sprühen. Gut schütteln und eine Probe machen. Die Farbe sollte nicht zu dünn sein, dann verläuft der Strich, und nicht zu dick, dann fließt es nicht.

Das optimale Ergebnis ist ein gut laufender, haptisch bleibender Farbstrich.

TIPP Beim Anrühren das Wasser besser öfter nachsprühen und Probestriche machen. Die Flaschen nicht zu groß wählen, dann sind sie leichter zu händeln.

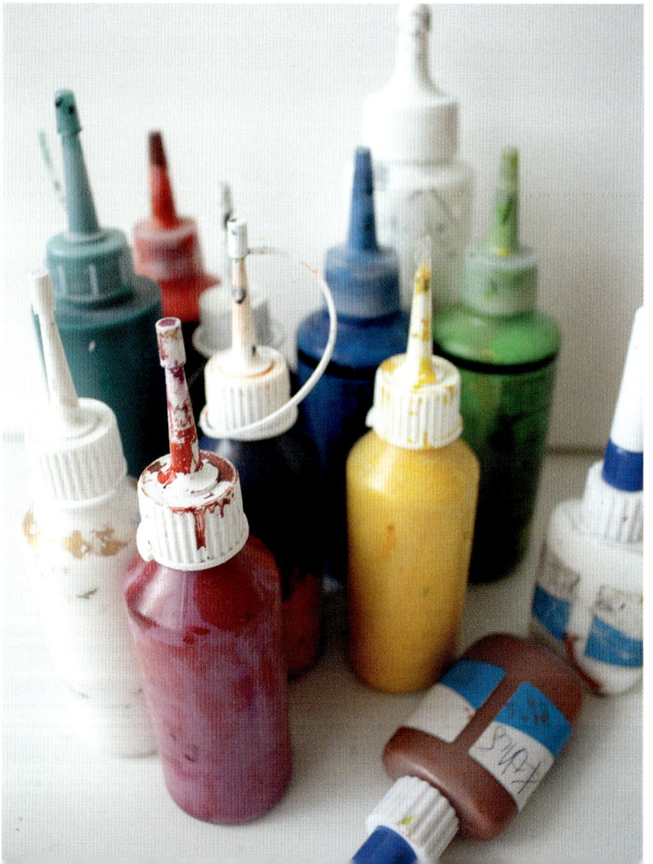

Pinsel

Für meine gegenständlichen Motive nutze ich gute, hochwertige Pinsel. Für die abstrakten und strukturierten Bilder nehme ich Pinsel aus dem Baumarkt. Überhaupt brauche ich selten Pinsel, da ich lieber mit den unterschiedlichen Spachteln und Gummirollen arbeite. Aber das ist Geschmackssache.

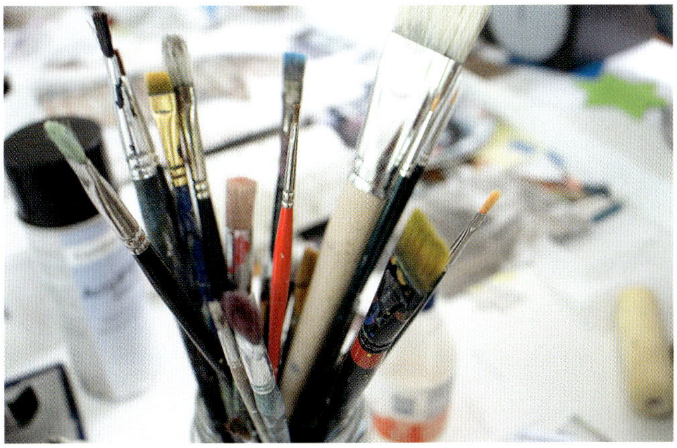

Schrubbpinsel

Universalpinsel (Modler) haben kurze, gebleichte Borsten mit einem kurzen Segmentbogen-Stiel aus Holz.

Die unverdünnten Farben lassen sich – auch untereinander – auf dem Bildträger gut verwischen.

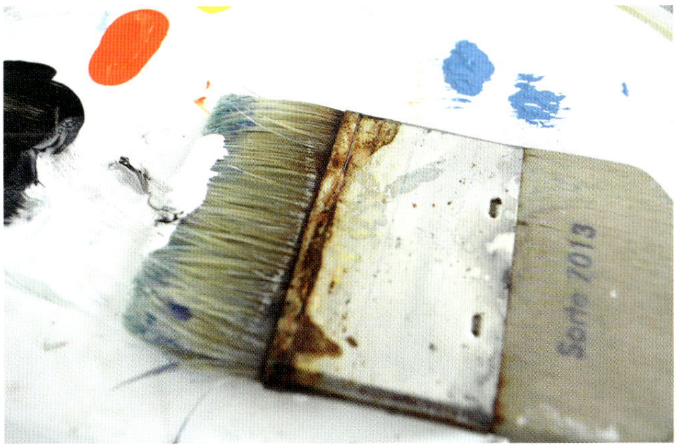

TIPP Du solltest durch Ausprobieren deine eigenen Vorlieben für das Handwerkszeug und die Materialien entwickeln.

Regenrinne als Rakel

Anstelle eines großen Rakels benutze ich eine kantige Regenrinne aus Kunststoff, die ich mir auf verschiedene Längen zugesägt habe. Farbkleckse auf der Außenseite der Rinne auftragen. Rakel auf der Leinwand langsam und mit Druck abziehen. Der Vorgang kann wiederholt werden, horizontal und vertikal.

TIPP Zusätzlich zur Acrylfarbe setze ich noch Binderkleckse auf die Leinwand. Dadurch rutscht die Rinne noch besser.

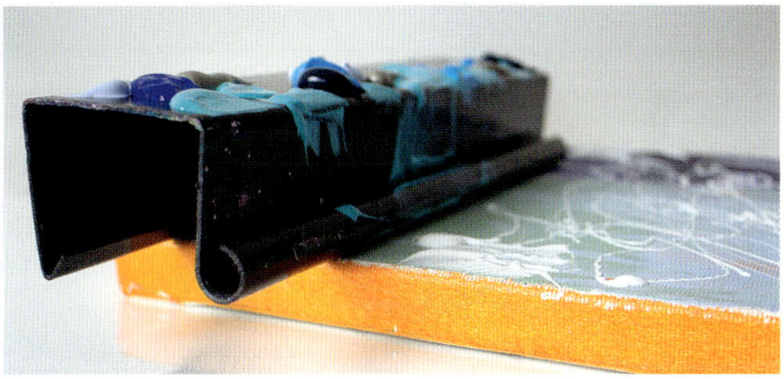

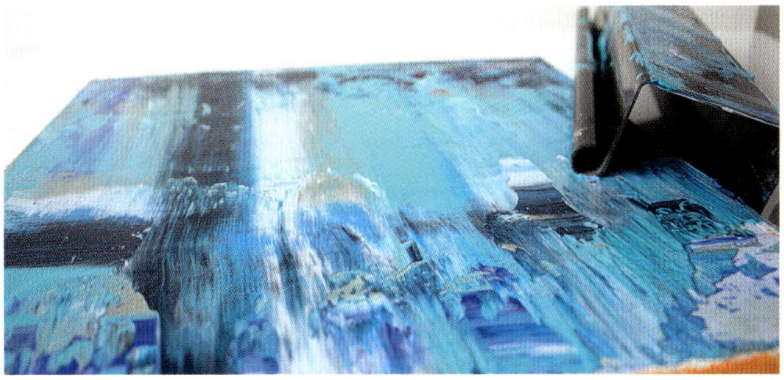

Und auch meine Hände sind ein Werkzeug ...

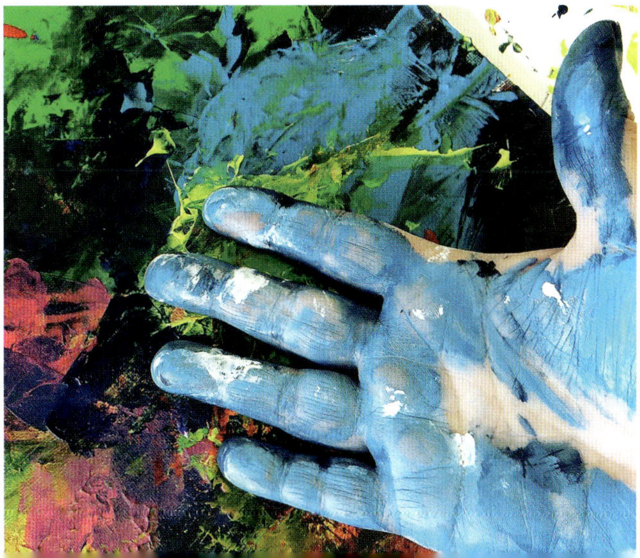

Malmittel

Acrylfarbe

Acrylfarbe ist deshalb so beliebt, weil sie flexible Verarbeitungsmöglichkeiten bietet, sehr strapazierfähig ist und sich vielfältig allen Materialien, Stilen und Motiven anpasst, ob abstrakt oder gegenständlich. Mit Acrylfarbe lässt sich fast alles bemalen: Holz, Karton, Metall oder Papier.

Acrylfarbe besteht, banal beschrieben, aus Bindemittel und Farbpigmenten und ist geruchsarm. Erst bei der Trocknung wird die Farbe wasserunlöslich. Arbeitsgeräte lassen sich zeitnah mit Wasser reinigen.

Acrylfarbe ist mein bevorzugtes Medium, denn sie bietet eine gute Farbbrillanz und trocknet schnell.

Es lohnt sich immer, in qualitativ hochwertige Farben zu investieren, sie enthalten mehr Pigmente und weisen eine bessere Konsistenz auf. Eine gute Farbe hat viele Farbpigmente und Bindemittel und ist gut deckend, schlechte Farbe hat wenig Farbpigmente, das Bindemittel ist mit Wasser verdünnt, und die Farbe deckt nicht gut.

Ich verwende ungern Metalltuben, da diese schneller austrocknen und sich nach einiger Zeit nicht mehr öffnen lassen.

TIPP Ich habe die Erfahrung gemacht, dass es besser ist, die Werkzeuge mit lauwarmem Wasser und gegebenenfalls mit Seife zu reinigen. Durch Hitze wird die Acrylfarbe erst weich und haftet anschließend superfest und nicht mehr lösbar an allen Teilen.

Feuchtes Acryl lässt sich mit Wasser herauswaschen. Einmal getrocknet ist die Farbe wasserfest. Ich rate zu einer Malkleidung wie beispielsweise einem alten Hemd, einem T-Shirt oder einer Schürze. Ich brauche auch immer eine alte Hose und Malschuhe. Acrylfarbe ist aus Stoff nicht zu entfernen.

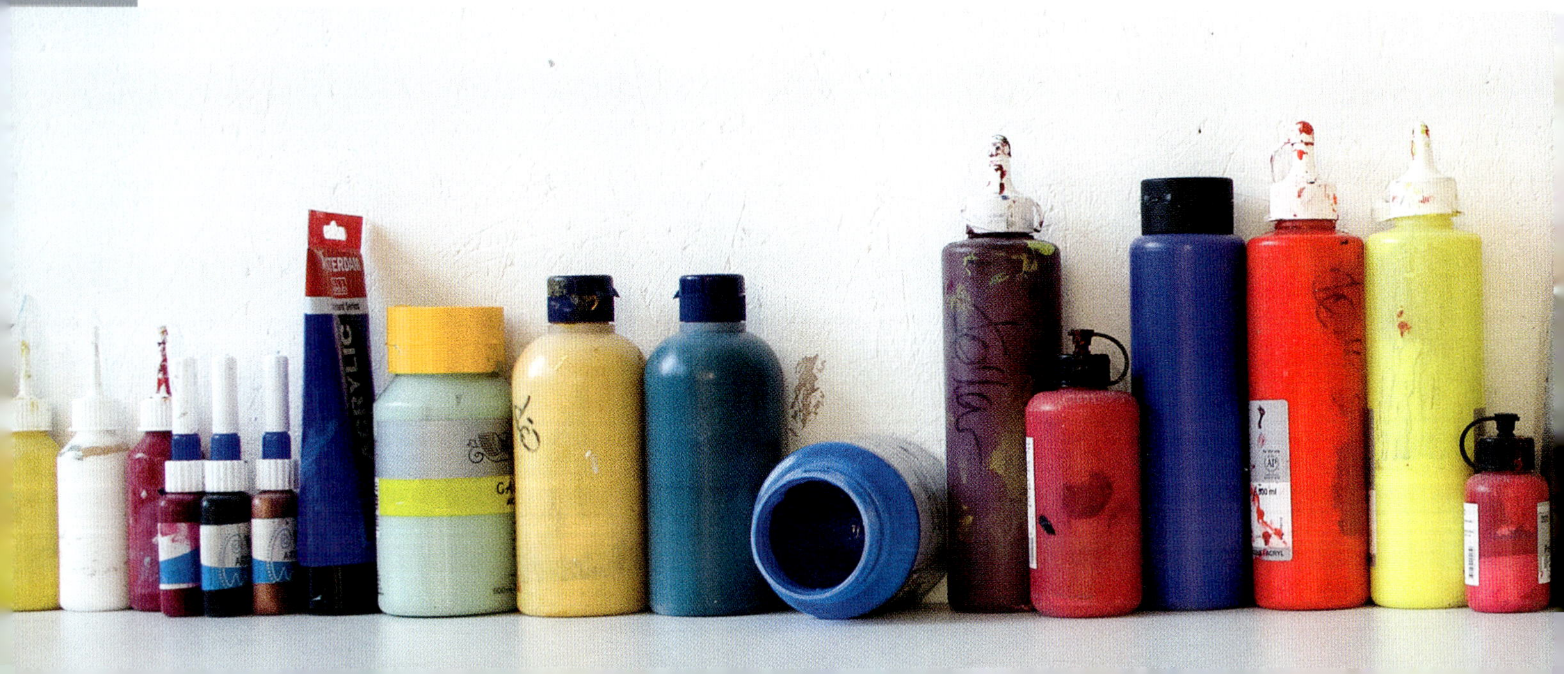

Binder

Acrylbinder kann vielfältig eingesetzt werden. Er ist transparent und auf Kunstharzbasis zum Aufkleben von Papieren, Monotypien und so weiter für professionelle Ansprüche geeignet. Steinmehl, Bimsmehl und Marmormehl (siehe Seite 38 und 39) können mit Binder angerührt werden. Acrylbinder kann ebenso wie Gesso auch als Vorgrundierung verwendet werden.

Wachspastelle

Farbige Flächen gestalte ich neben Acryl gern mit Wachspastellen von Caran d'Ache Neocolor II, diese sind trocken und nass vermalbar. Durch die hohe Farbpigmentierung kann ich mit den Stiften, angelöst mit Wasser, einen Aquarelleffekt erzielen.

TIPP Statt mit Wasser kannst du die Farben auch mit Capaplex (farbloses Dispersionsgrundiermittel) anlösen. Dadurch ist die Fläche nach dem Trocknungsprozess fixiert.

Pastell-Ölkreiden

Pastell-Ölkreiden sind lichtecht, ungiftig und bieten vielseitige Verwendungsmöglichkeiten. Diese gut deckenden, kräftigen Farben lassen sich ähnlich wie Ölfarben zu feinen, transparenten Farbverläufen verwischen. Sie enthalten neben Farbpigmenten auch Anteile von Öl, Wachs und teilweise Bindemittel, um die Stabilität zu verbessern.

Die Kreiden haften auf nahezu allen Oberflächen und müssen nicht fixiert werden. Sie sind nicht wasserlöslich und nicht radierbar, eine Korrektur ist somit schwieriger. Die Farben lassen sich mit Terpentin oder Benzin vermalen und trocken vermischen. Sie eignen sich für die Schabetechniken durch Übereinanderlegen von Farbtönen.

Ich zeichne damit gern Linien oder Umrisse auf meine Bilder.

TIPP Da es sich um fetthaltige Stifte handelt, korrigiere ich ungewünschte Striche mit warmem Wasser und etwas Spüli oder Terpentin. Bei Temperaturen über 50 °C werden Ölkreiden weich.

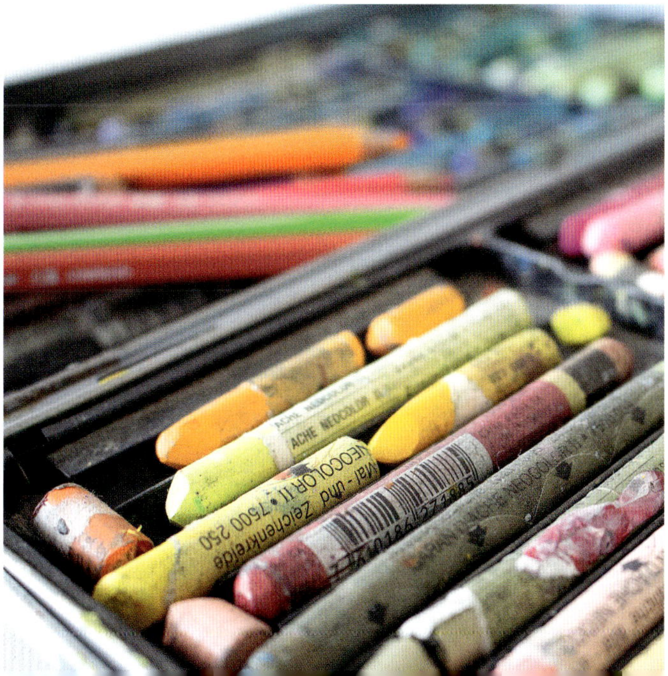

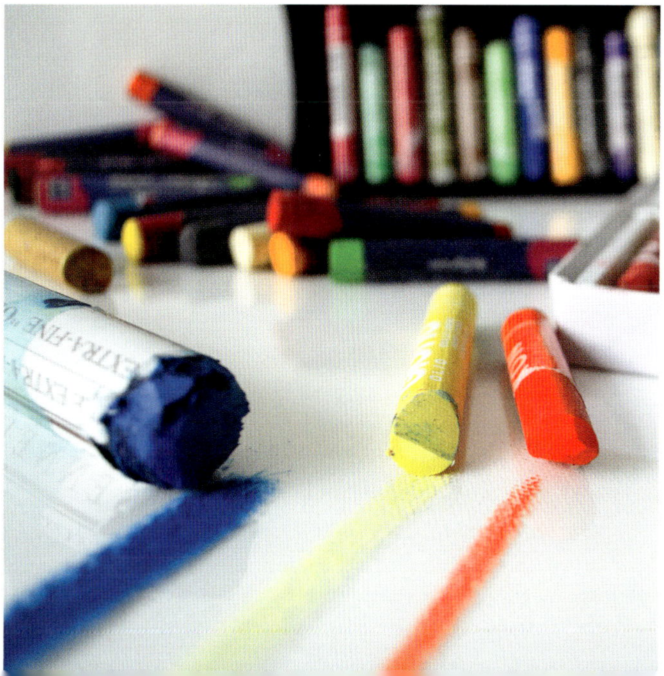

Farbwahl

Immer wieder werde ich gefragt: »Ines, welche Farbe soll ich nehmen? Rot, Grün oder Blau?«

Ehrlich gesagt, ich habe keine Ahnung und keine Antwort auf diese Frage.

Ich bin der Meinung, es passt immer alles zusammen. In meinem Ateliergarten wächst vieles durcheinander. Auf faszinierende Weise würfelt die Natur einfach die Farben, mal auffallend, mal beruhigend, mal tarnend, und kümmert sich um keine Regeln. Sie kombiniert im Endergebnis die Farben und Formen in einer perfekten Art und Weise. Einfach so.

Spaziere also mit offenen Augen durch die Welt und lasse dich verzaubern.

Glücklicherweise haben wir alle ein unterschiedliches Gefühl und Farbempfinden, manchmal von zu unruhig, zu bunt, zu eintönig, zu leuchtend, zu blass, zu unspannend, zu grell, zu gedeckt und so weiter.

Lass dich durch Überlegungen oder Abwägungen nicht von irgendetwas abbringen. Mach einfach. Nur was du ausprobiert hast, kannst du auch begutachten. Versuche es, und wenn eine Stelle nicht gefällt, dann übermale sie einfach.

TIPP Ich habe eine Vorliebe für dunkle Farben. Für mich strahlen dunkle Töne Kraft und Energie aus. Eine farbige Fläche wirkt durch einen schwarzen Strich oder durch ein dunkles Detail noch strahlender. Aber auch das ist Geschmackssache.

Blick aus meinem Atelier in den farbenprächtigen Garten

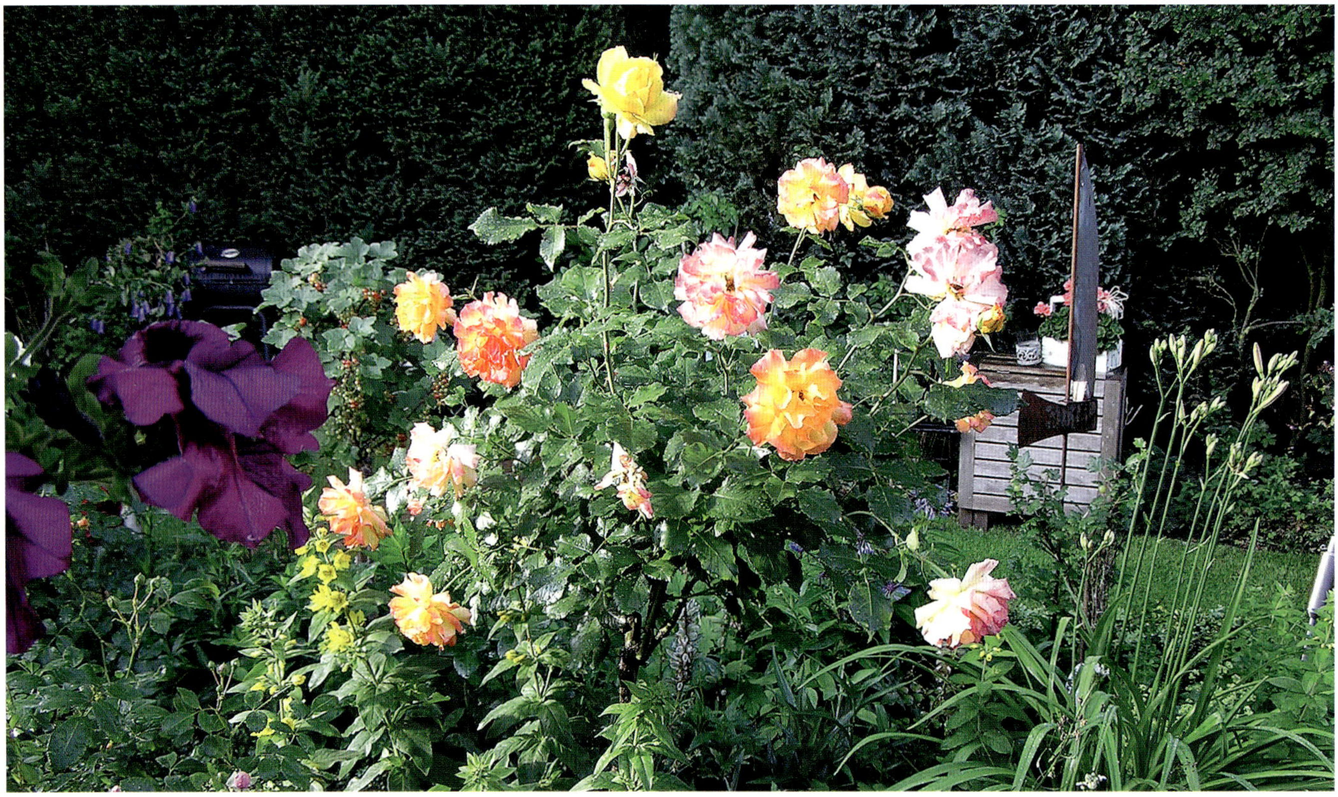

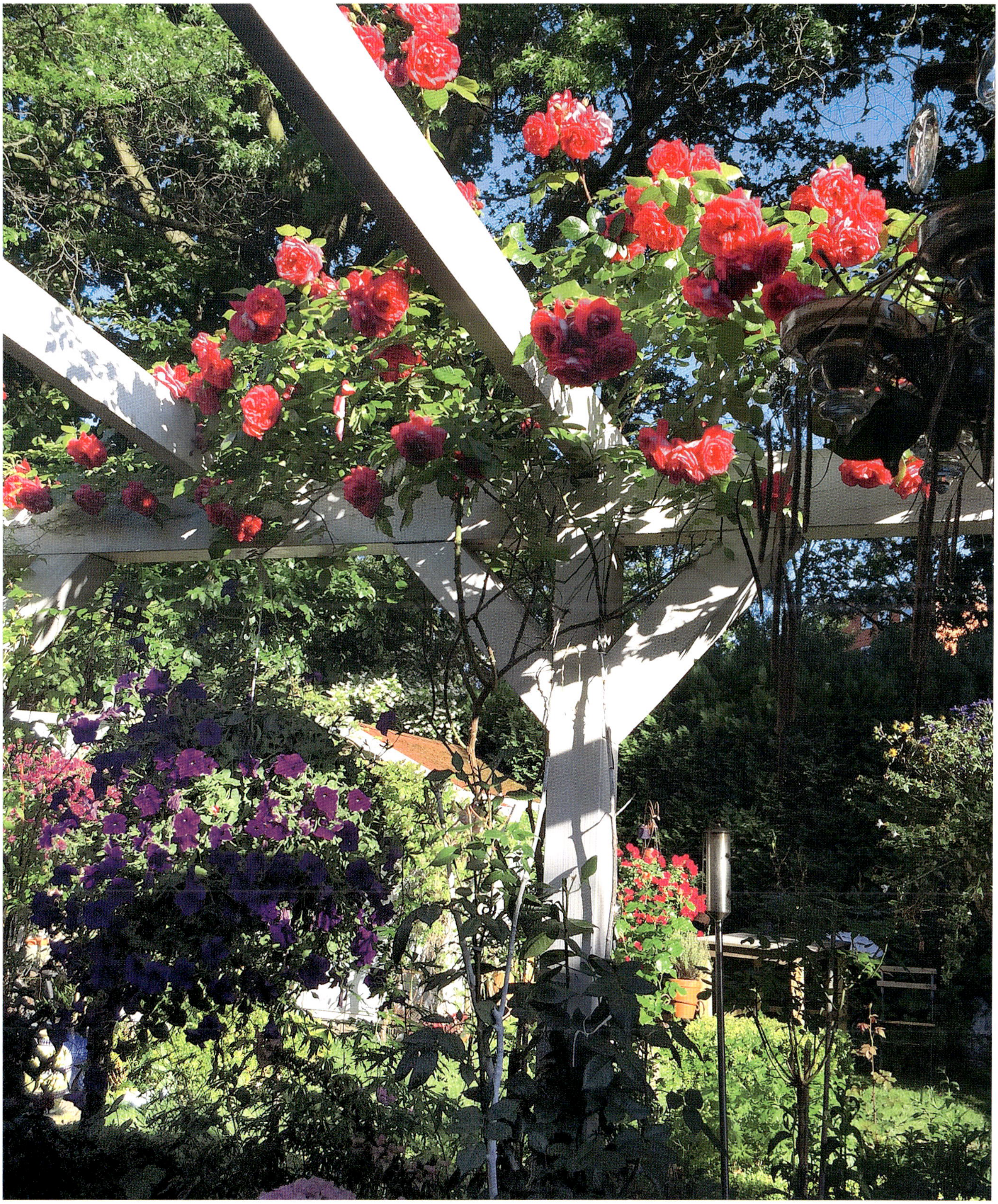

Zeichenstifte

Graphit- oder Bleistifte

Es gibt Härtebezeichnungen, sogenannte Grundstärken: H, B, und HB.

H ist in neun Stärken von H bis 9H (die härteste Mine) unterteilt, B in neun Stärken von B bis 9B (die weichste Mine), die Mitte ist HB.

H wird vor allem im Bereich des technischen Zeichnens eingesetzt, während die weichen Stärken (B) sich eher für den künstlerischen Einsatz oder zum Schreiben eignen.

TIPP Mit den Stiften solltest du gut umgehen. Fällt der Blei-, Farb- oder Aquarellstift vom Tisch oder wird unsanft irgendwie hingeschmissen, brechen die Mienen und das Anspitzen wird schwierig.

Kohle

Ich bevorzuge die englische Zeichenkohle, eine Spezialfertigung für höchste Ansprüche, tiefschwarz, sehr weich gleitend, oder Kohle aus Weidenholz. Ein spezieller Brennprozess führt zu einem guten Schwärzungsgrad, einer perfekten Homogenität und außergewöhnlicher Geschmeidigkeit.

Mir gefällt die Leichtigkeit der Striche. Und dass sich die Kohle gut zum Vorskizzieren eignet. Du kannst die Linien jederzeit korrigieren, ein Wisch mit dem Lappen und alles wird gut. Und ist es dann gut, müssen die Linien fixiert werden.

TIPP Angeboten werden auch holzummantelte Zeichenkohlestifte. Nicht so meine Favoriten.

Ich brauche Leichtigkeit in der Hand, um diesen zerbrechlichen Kohlestäbchen eine zarte, weiche Linienführung zu entlocken. Dick und schwarz geht mit den stärkeren Stäbchen natürlich auch.

Fixierung

Zeichenkohle muss, sofern der Strich erhalten bleiben soll, mit einem Spray fixiert werden, ebenso alles, was abwischbar oder wasserlöslich ist.

Fixierspray eignet sich hervorragend als Zwischen- und Schlussfixativ für Zeichenkohlen, Kohlestifte, Pastellkreiden, Pastellstifte, Gouachefarben und Kreide.

Acrylfarbe benötigt keine Fixierung, da sie wasserfest auftrocknet. Ist die Farbe im nassen Zustand noch brillant und leuchtend, trocknet Acryl in der Regel eher matt ein. Wünschst du glänzende Bilder, rate ich für große Flächen vom Glanzspray ab. Ein gleichmäßiger Auftrag ist hier eher schwierig. Ich benutze Capaplex, das ist umweltschonend, geruchsfreundlich, untergrundverfestigend, glasklar auftrocknend und mit Wasser verdünnt eher seidenmatt.

TIPP Ich lese immer wieder von dem Tipp, Haarspray zum Fixieren zu verwenden. Für meine dicken und krausen Haare verbrauche ich Unmengen an Haarspray. Leider setzt sich, durch ungezielte Nebensprühstöße, auch ein klebriger Film im Bad ab. Und zum Glück, sonst hätte ich ja eine dauerhafte Playmobil-Helmfrisur, kann ich das Spray wieder herausbürsten oder -waschen. Unter Fixierung verstehe ich was anderes.

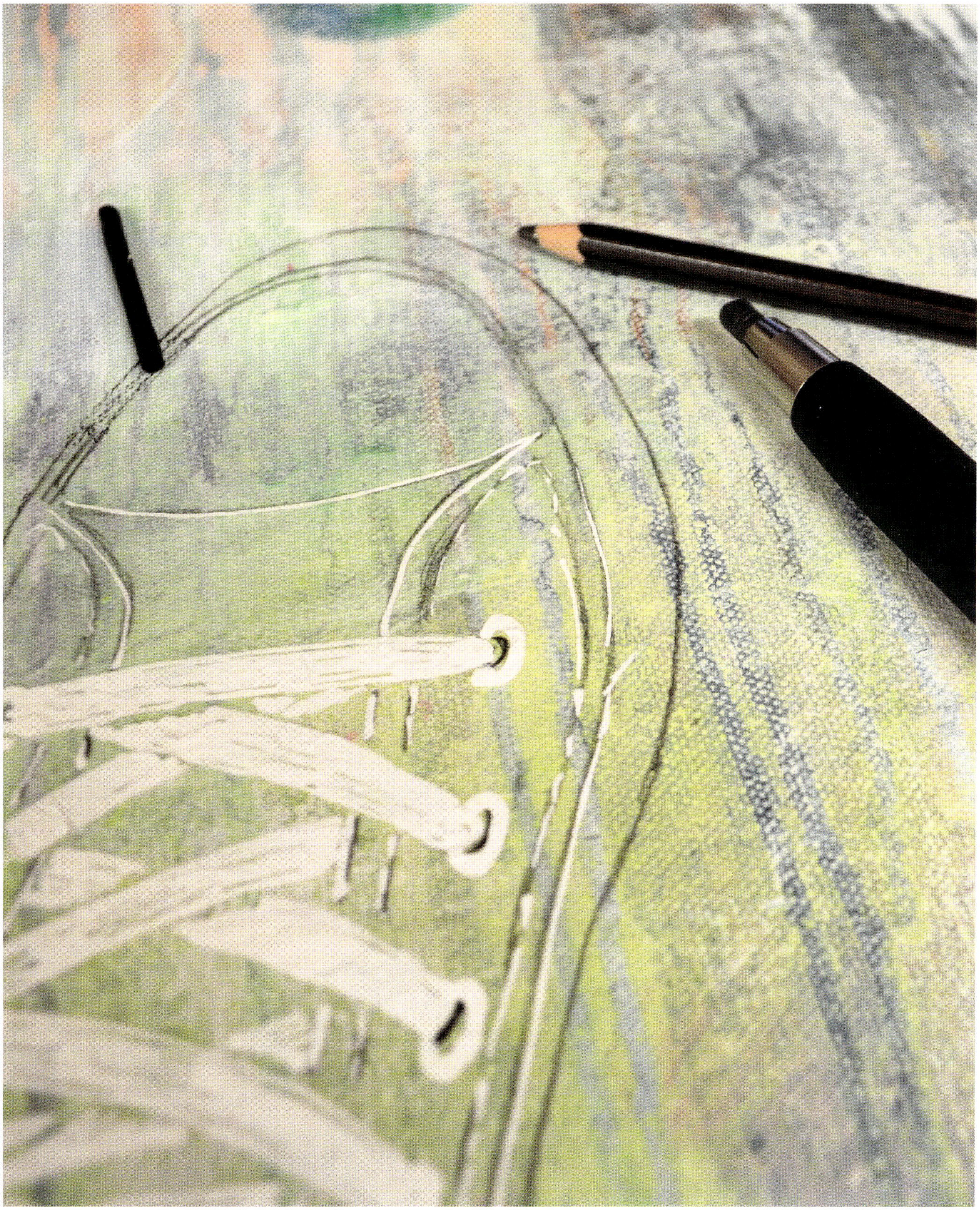

Keilrahmen

Keilrahmen sollten aus massivem Fichtenholz bestehen, der fachliche Begriff hierfür lautet »verwindungsarmes Holz«. Wir arbeiten viel mit Wasser und oftmals verziehen sich dann die billigen Rahmen.

Ich höre oft das Argument: Aber zum Üben oder für den Anfang oder ich kann doch nicht ... Gönne dir auch hier gute Qualität, zumal ein Acrylbild unendlich übermalt werden kann. Eine krumme, verzogene Holzleiste bekommt man nie wieder gerade. Also besser keine Rahmen aus leichtem, angegrautem und sprödem Holz kaufen.

Achte darauf, dass das Holz auch wirklich ein klassisches Keilrahmenprofil mit einer Außenwulst hat. Dann lässt sich die Leinwand leichter bemalen, da sie schwebt und das Gewebe nur am Rand aufliegt. Das verhindert, dass sich die Leisten in den Farbaufträgen durchdrücken.

Als Keilrahmenbespannung reicht für unsere Zwecke Baumwolle. Leinen ist hier zu kostspielig.

In der Regel sind die Keilrahmen grundiert. So ist die Leinwand langfristig vor dem Verfall geschützt und verringert ihre Saugfähigkeit. Ohne Grundierung verschwindet die Farbe im Stoff, der Farbfilm liegt direkt auf der Leinwand und setzt sich in die Fasern. Ist dein Keilrahmen auf der einen Seite weiß und auf der anderen Seite ist Stoff zu erkennen? Dann ist die Leinwand grundiert und du kannst sofort loslegen.

Die Keile sind ausschließlich dafür vorgesehen, eine nicht straffe Leinwand nachzuspannen. Damit werden die Steckverbindungen in den Ecken auseinandergetrieben und dadurch der Umfang vergrößert. Eine verzogene Leinwand können Keile nicht gerade biegen!

TIPP Einige meiner Teilnehmer verfallen bei einer verzogenen Leinwand in einen verzweifelten Aktionismus und hämmern die mitgelieferten Keile in die Leistenecken. Auf Nachfrage, ob ein kleiner Holzkeil Informationen an die große Leiste geben kann, beziehungsweise in der Lage ist eine Holzleiste magisch zurückzubiegen, bleiben sie mir eine Antwort schuldig.

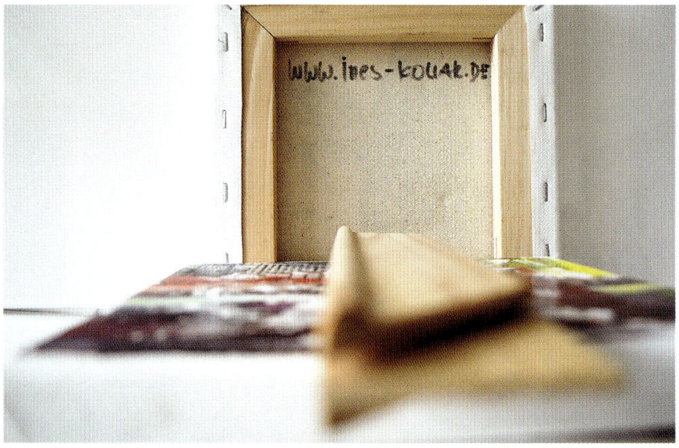

Außenwulst an einer Keilrahmenleiste aus verwindungsarmen Holz

Das kleine Format

Kleine Formate haben ihren besonderen Charme. Aber Achtung: »Kleinvieh macht auch Mist.« Ein kleinformatiges Bild ist nicht schneller fertiggestellt als ein großes!

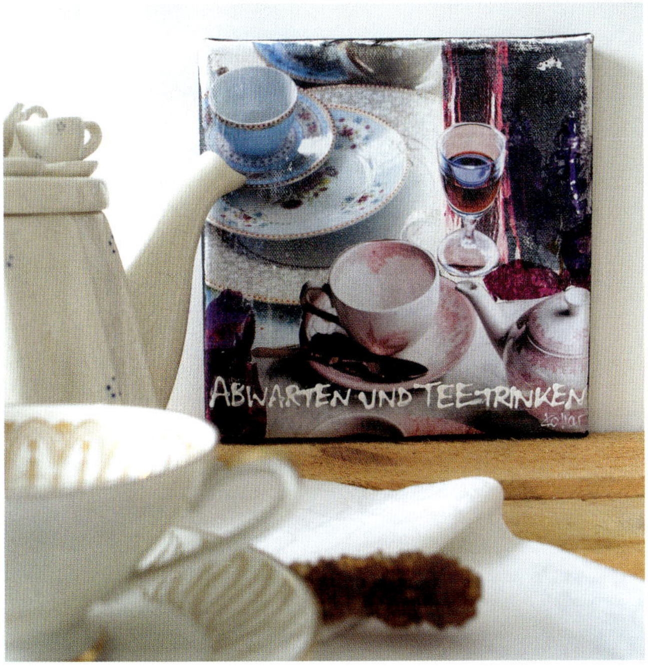

Abwarten und Tee trinken
20 x 20 cm
MachART
Transfer und Schrift auf Leinwand Acryl, Monotypie

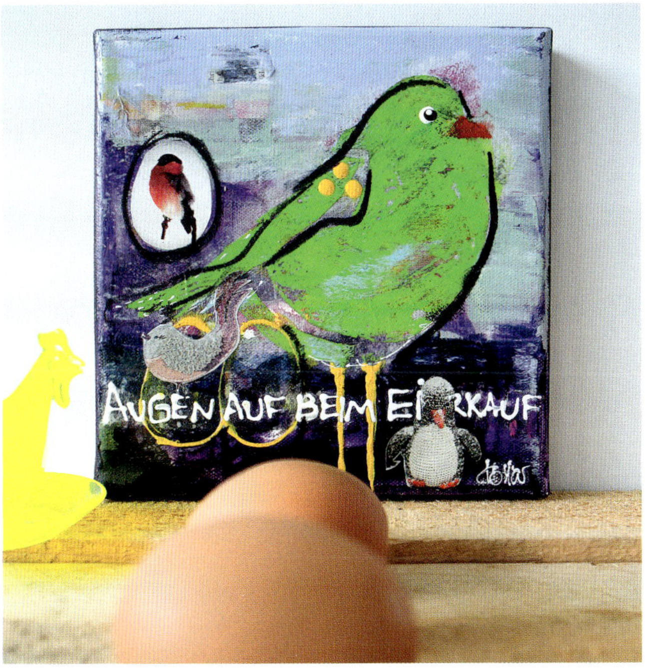

Augen auf beim Eierkauf
20 x 20 cm
MachART
Acryl, Monotypie, Transfer und Schrift auf Leinwand

Bildbeispiele

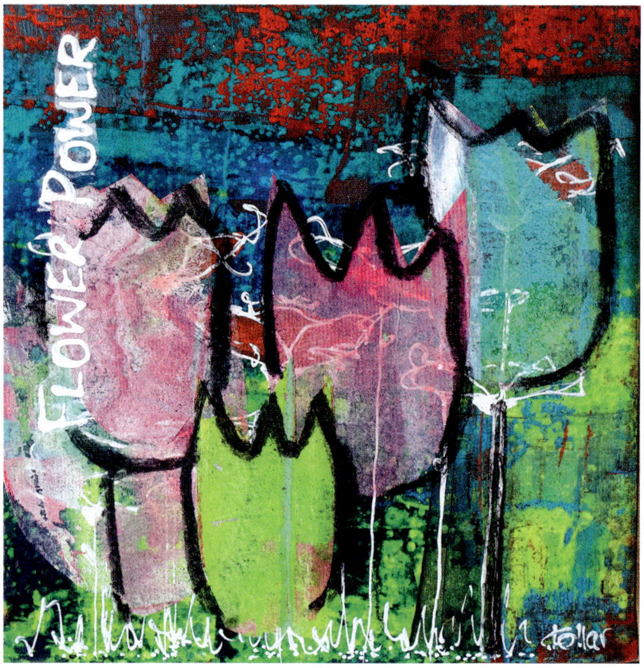

Flower Power
20 x 20 cm
MachArt
Acryl, KOLLARiertes Chinapapier, Kohlestriche und Schrift auf Leinwand

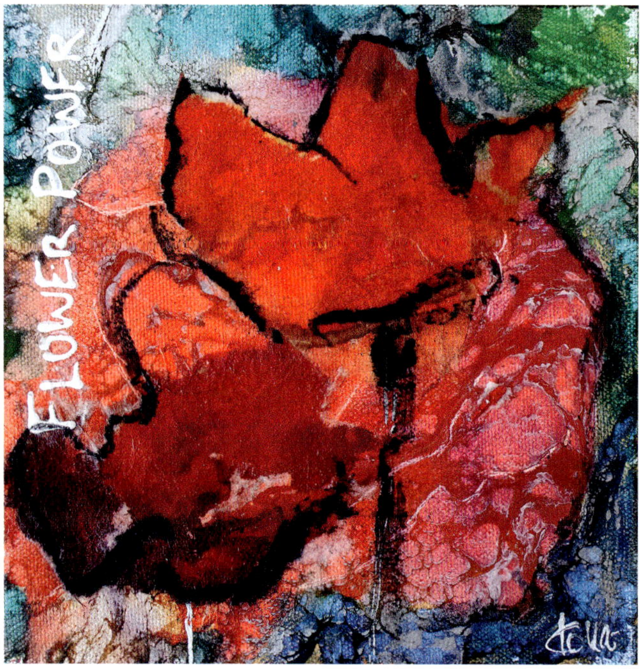

Flower Power
20 x 20 cm
MachArt
Acryl, gefärbtes Schöpfpapier, Kohlestriche und Schrift auf Leinwand

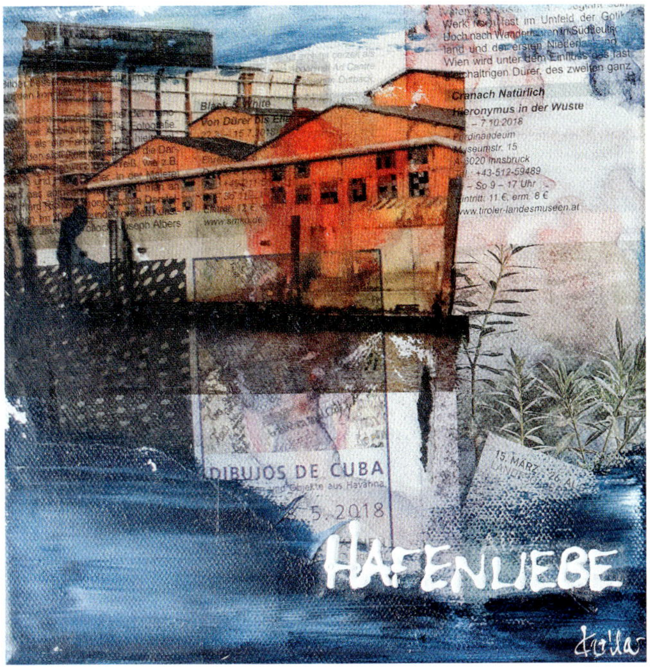

Hafenliebe
20 x 20 cm
MachArt
Acryl, eingefärbte Zeitung, Transfertechnik, Collage, Handschrift mit der Füllflasche

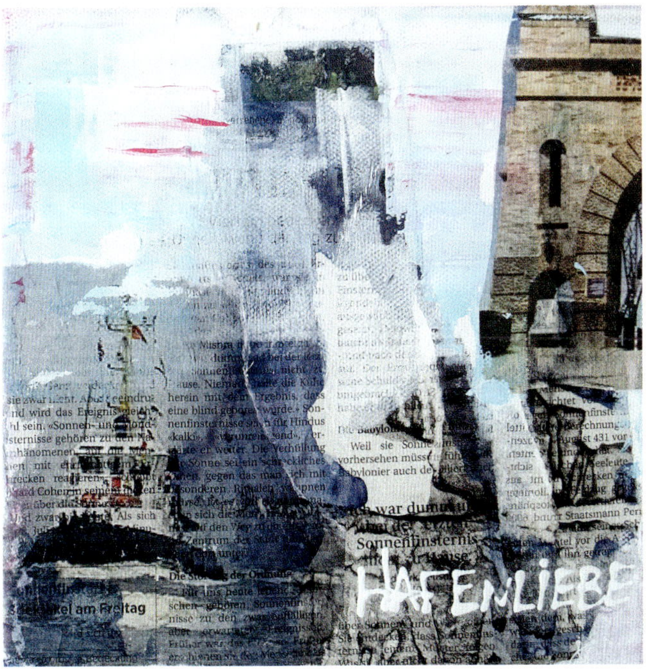

Hafenliebe
20 x 20 cm
MachArt
Acryl, eingefärbte Zeitung, Transfertechnik, Handschrift mit der Füllflasche

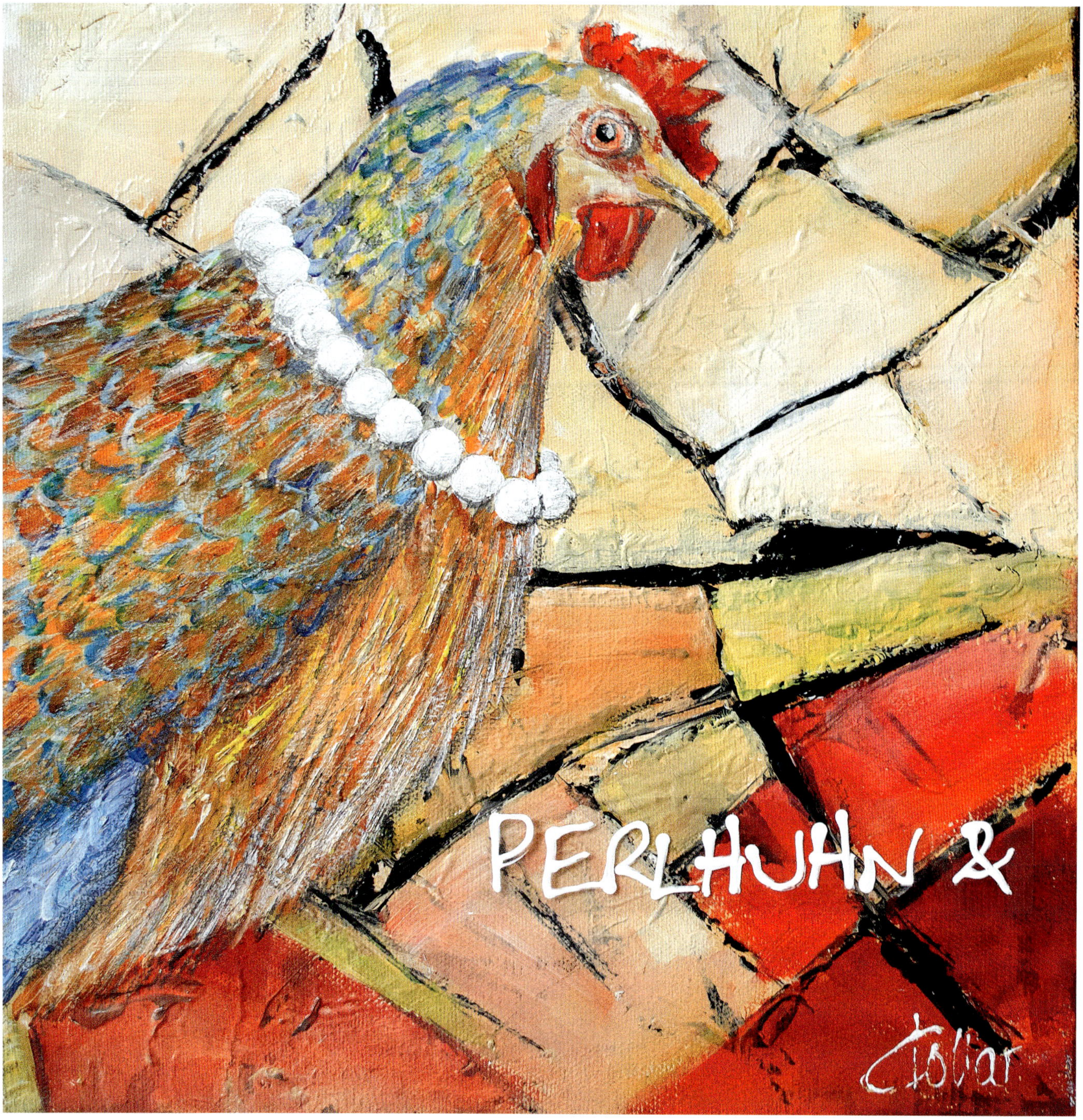

Perlhuhn und Verehrer
30 x 30 cm
MachArt
Acryl auf Leinwand
Handschrift mit der Füllflasche

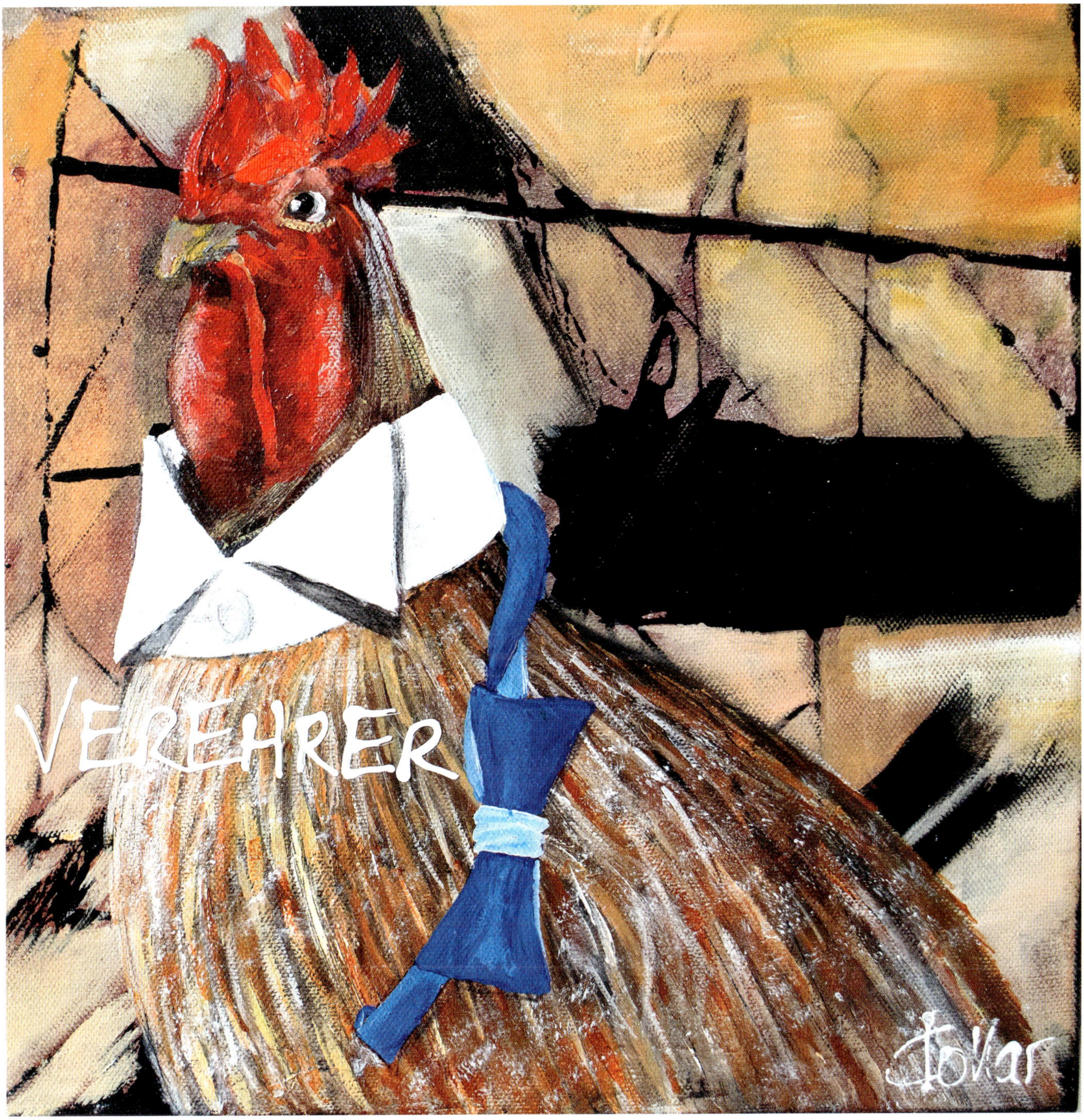

Perlhuhn und Verehrer
30 x 30 cm
MachArt
Acryl auf Leinwand
Handschrift mit der Füllflasche

Ilse Aber, meine beste Malfreundin

Bevor wir mit dem ersten Bild beginnen, möchte ich dir Ilse Aber vorstellen und erzählen, wie sie meine beste Malfreundin wurde. »Ilse Aber« ist eine fiktive Malkursteilnehmerin. Ihre Geschichte beruht auf tatsächlichen Begebenheiten. Etwaige Ähnlichkeiten mit lebenden Personen sind aber rein zufällig. Du wirst sehen, viele der Themen, die Ilse beschäftigen, werden dir auch beim Malen begegnen.

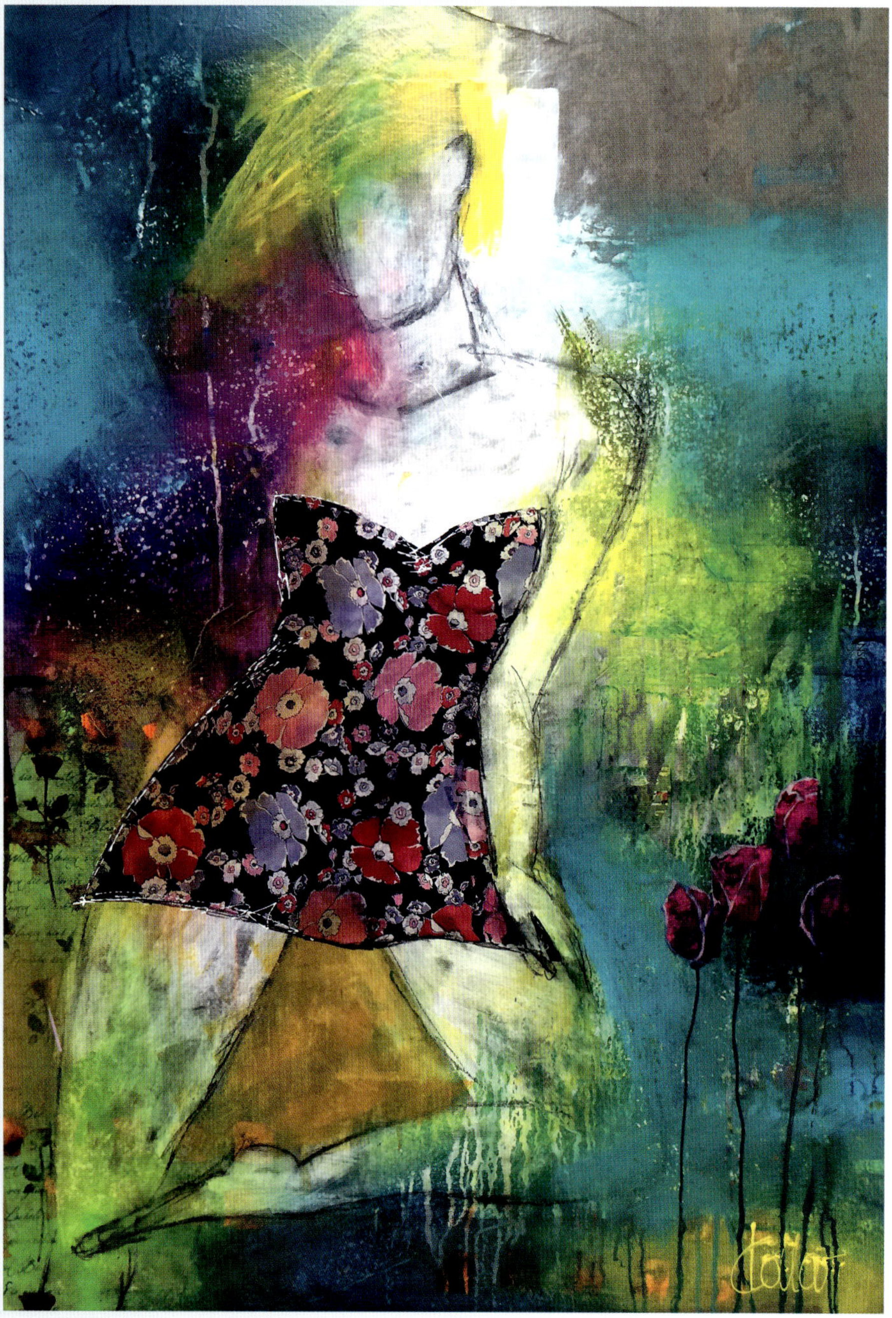

Ilse
70 x 100 cm
MachART
Acryl, Monotypien und Collagen auf Leinwand

Der ganz normale Wahnsinn, malen zu lernen

Auf einer meiner Ausstellungen traf ich Ilse Aber. Wir waren uns sofort sympathisch. Sie war begeistert von den Bildern und erklärte im nächsten Atemzug, sie würde ja auch gern malen, aber sowas könnte sie ja nie.

»Da muss ich Ihnen widersprechen. Jeder kann malen. Bei dem einen oder anderen dauert es zwar etwas länger, aber möglich ist alles.«
»Aber«, antwortete Ilse, »ich war in der Schule schon schlecht in Kunst und meine Familie hat auch immer gesagt, dafür hätte ich kein Talent.«
Ich erzählte ihr von meinem Kurstitel: »Geht nicht – gibt's nicht!«
»Aber meinen Sie, ich kann das lernen?«, fragte mich Ilse.
»Aber natürlich, Sie müssen es aber schon mal probieren!« antwortete ich.
Ilse stieg kurz darauf in den Malkurs ein und wurde von den Teilnehmern herzlich aufgenommen.
»Darf ich mich ein wenig umsehen?«, »Na klar!«
Fast ehrfürchtig bewunderte sie die entstehenden Arbeiten.
An Barbara gerichtet: »Oh, ist das Bild schön, das würde ich ja so lassen ...«
Umgehend kam die Antwort: »Du, das ist nur der Anfang! Ines würde sagen, schöner Untergrund, daraus machen wir noch ein Bild!«
»Aber« meinte Ilse, »für mich ist es schon fertig.«
Und dachte für sich: »Man sind die alle gut!«
Ich spürte, wie es in Ilse arbeitete.

Im telefonischen Vorgespräch hatten wir die Vorgehensweise, ganz von vorne zu beginnen, beratschlagt. Über notwendiges Material wollten wir uns erst im Kurs unterhalten und klein anfangen sowie Techniken ausprobieren. Wichtig war in erster Linie, den Spaß am Malen finden.

Ilse erzählte ihrer Familie von ihrem Vorhaben. Kollektiv wurde beschlossen, dass ein großes Bild über die Couch her sollte. Originale von Künstlern sind kostspielig und wenn schon Zeit und Geld für ein Hobby investiert wird, sollte etwas Sichtbares dabei rauskommen. Ein bisschen Farbe und abstrakt sollte man hinkriegen.

Somit stand Ilse nun mit einer überdimensionalen Leinwand im Atelier. Diese war auf die Couchbreite abgestimmt, über die Höhe wurde sich im Vorfeld ebenfalls Gedanken gemacht. Sollte ja schön werden.

Ilse besorgte ihre Lieblingsfarben, die sich in den Gardinen und den übrigen Einrichtungsgegenständen widerspiegelten, günstig im Discounter.
Nun hatten wir drei Probleme auf einmal.
»Ilse, wollten wir nicht erst einmal über das Material sprechen?«
»Aber«, meinte Ilse, »ist ja nur zum Üben, da wollte ich nicht viel Geld ausgeben. Auch, falls es nichts wird.«
»Du, hier kann jeder machen was er will, ihr sollt ja Freude haben. Du hättest auch erst einmal Farben von mir nehmen können. Möchtest du mit ein paar Techniken anfangen? Strukturen und Farbe auftragen?«
Ilse versuchte, sich unser Telefonat in Erinnerung zu rufen. Sie packte die mitgebrachten Kunstbücher mit den vielen gelben Klebenotizen wieder in den Korb.
Na dann ...

»Oh, oh, dann ist die Leinwand für meinen künstlerischen Neustart wohl ein bisschen groß, oder?«, lachte Ilse.
»Ich fürchte ja, zumal wir die Leinwand zwischenzeitlich drehen und jede Seite eine völlig andere Wirkung hat. Das ist schwierig bei deinem Format, passt ja leider nicht hochkant über das Sofa.«
Ilse grinste und war damit einverstanden (und ich glaube auch ein bisschen froh) das Projekt »Wohnzimmer« zu verschieben.
»Beginnen wir mit einer kleinen Leinwand zum Üben?«
»Sehr gerne!«
Ilse war nun motiviert, holte Schnüre, Jute, Muscheln, Sand und schönes Geschenkpapier aus ihrem Korb.
Ich ahnte schon was ...

Einfach mal anfangen!

Stell dir vor, du machst eine Reise: Nach famosen Vorbereitungen hast du alles, wirklich alles, was du zum Reisen (Malen) brauchst, und fährst einfach los. Richtung und Ziel sind völlig offen, vielleicht bleibst du im Lande, auf deinem Kontinent, oder machst einen Abstecher in ferne Länder. Für dich zählt nur: Alles auf Start! Der Weg entsteht, indem du ihn gehst. Gehe los, bevor du dir sicher bist, wohin du gehen willst!
Beim Malen wirst du Fremdes und Neues erkunden, Bekanntes und Verborgenes wiederentdecken, Eindrücke und Erfahrungen zulassen und sammeln.
Du findest hier einen Bereich, in dem du absolut nichts musst, wenn du dich nicht selbst unter Druck setzt. Beim Malen musst du nur Vergnügen haben.

Das Motto »Erst denken, dann handeln« drehen wir auf dieser Reise einfach um: »Erst handeln, dann denken.« Denn du kannst nicht rational erfassen, ob du überhaupt malen möchtest. Oder ob du überhaupt malen kannst. Wer sagt: »Ich kann nicht«, setzt sich nur selbst Grenzen.

Da die Techniken so umfangreich und vielfältig sind, solltest du mit der Basis beginnen. Das sind die Grundlagen und Arbeitsschritte, die sich wie ein roter Faden durchziehen. Im Lauf der Zeit mal geübter, mal abgewandelt, mal übertriebener, mal reduzierter.
Du machst beim Experimentieren keine Fehler, nur Erfahrungen.

Du kannst entweder so viele Untergründe anfangen, wie du willst, oder dich nur mit einem Projekt befassen. Nach Lust und Laune, so wie es dir guttut.

Du kannst ein Bild zur Seite stellen, wenn es gerade »klemmt« oder es dir sagen will, wo es langgehen soll. Einfach so. Ich stelle es dann mit der farbigen Fläche zur Wand. So kann es nicht zum Mahnmal werden und mich von schönen, spaßigen Dingen abhalten. Wir sind es gewohnt, täglich die Konsequenzen unseres Handelns zu überdenken. Abzuwägen, ob uns Unannehmlichkeiten drohen und was wäre, wenn. Trau dich, die angebliche Komfortzone zu verlassen.

Beim Malen musst du nichts! Oder doch: Vergnügen haben und nach getaner Arbeit dein Werkzeug säubern.

Und lass dich nicht von gut gemeinten Ratschlägen beirren. Ungefragt sind die Meinungen anderer nicht sehr hilfreich. Es ist dein Bild!
Denke an die Hummel: Nach den bekannten Gesetzen der Aerodynamik ist es ihr unmöglich zu fliegen. Die Hummel weiß das nicht. Sie fliegt einfach.

Oftmals irritiert uns die enorme Vielfältigkeit der Möglichkeiten.
Der Satz: »Ines, ich weiß nicht, was ich machen soll«, heißt eigentlich: »Ich kann mich wieder so gar nicht entscheiden!«
Male ich abstrakt nur mit Farben oder Strukturen oder Figuren oder Formen oder Text oder Collagen? Und wie? Wird es zu viel oder zu wenig? Und hier ist eine freie Fläche, da fehlt doch was, oder?

Die gute Nachricht ist: Acrylbilder kann man unendlich übermalen. Einige werden im Lauf der Jahre nach dem Gewicht beurteilt.

TIPP

Für Anfänger: Fange erst einmal mit kleinen Formaten oder auf Papier an und probiere verschiedene Techniken aus. Eine große Fläche behält man anfangs nicht im Blick, es macht die Sache unnötig schwer.

Für Fortgeschrittene: Setze viele verschiedene Techniken auf kleinen, gleich großen Formaten ein. Zusammengestellt ergeben diese auch ein Motiv. Ich verwahre und nutze diese als Memory für Techniken.

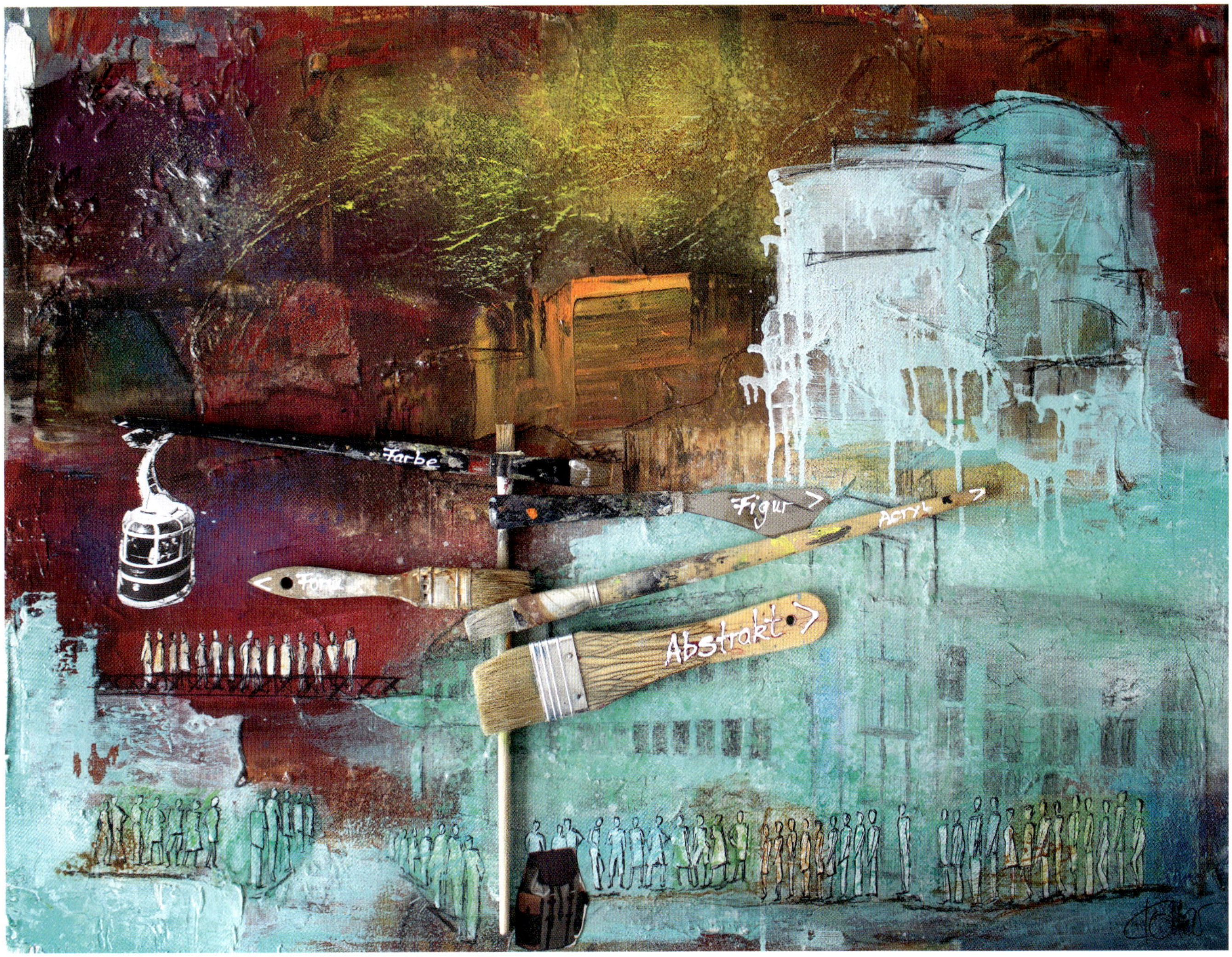
Farbe
Figur >
Acryl >
Form
Abstrakt >

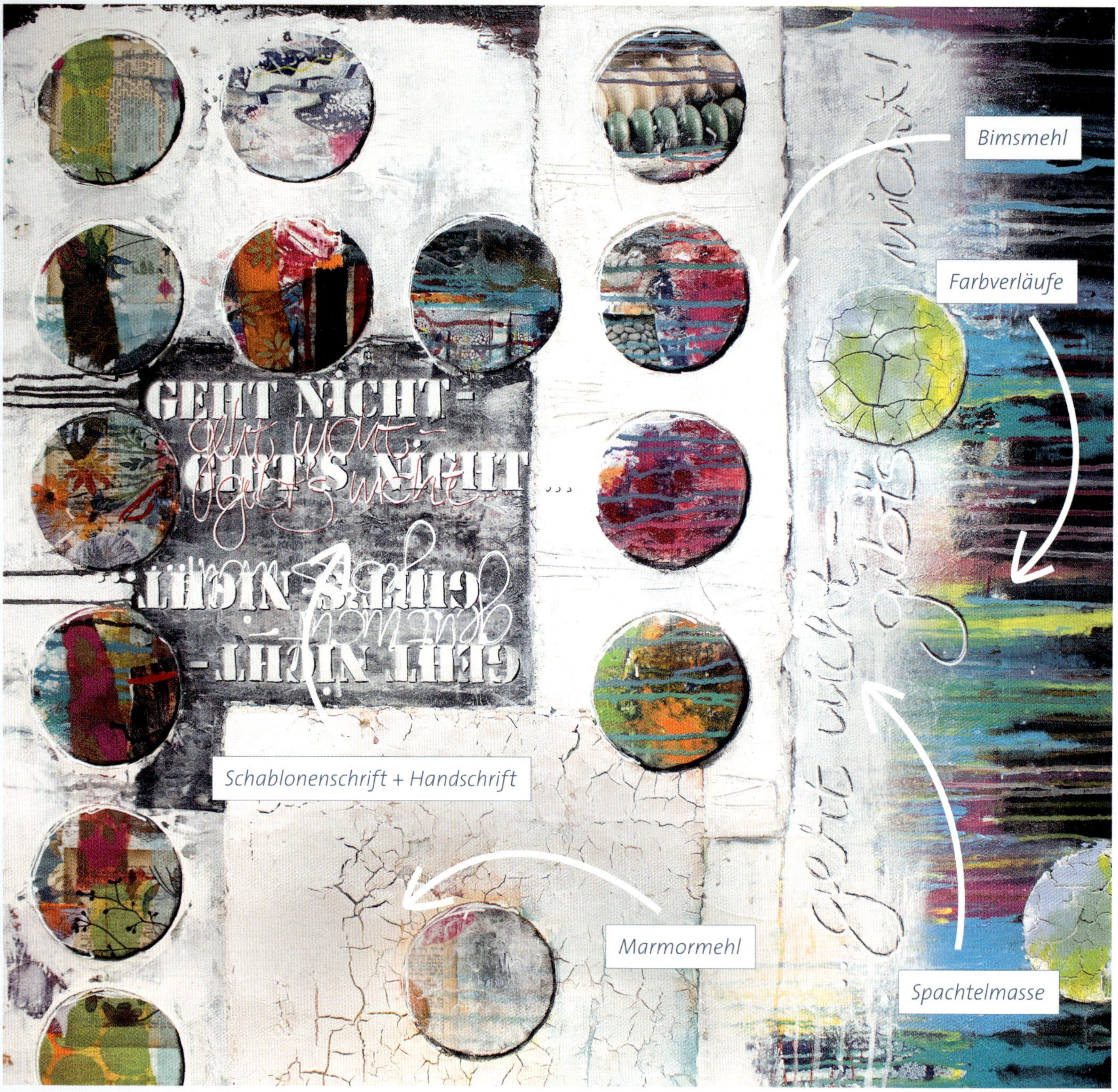

Geht nicht – gibt's nicht 1
Mischtechnik auf Leinwand 100 x 100 cm
MachART
Nach dem Motto: Ein Bild wieder aufräumen
Untergrund aus unterschiedlichen Materialien wie Acrylfarbe, Plakatabrissen, Zeitungsausschnitten / Felder aus Spachtelmasse, Marmor- und Bimsmehl / Farbverläufe mit verdünnter Acrylfarbe / Schablonen- und Handschrift

Geht nicht – gibt's nicht, Bild 1

Schritt 1: Bilduntergrund gestalten

Kein fertiges Bild im Kopf haben!
Zunächst als Bilduntergrund Plakatabrisse oder farbige Papiere orientierungslos aufkleben.

Papiere
Für Bilduntergründe, Collagen oder eine Mischtechnik können Papiere, Plakatabrisse, Bildmaterial und Schöpfpapiere, Geschenkpapier oder Ausschnitte aus Zeitschriften oder Zeitungen verwendet werden. Ich habe auch schon alte Stadtpläne, Schnittmuster oder Landkarten verarbeitet.

Der Kunsthandel hält ebenfalls verschiedenfarbige, gemusterte oder strukturierte Papiere bereit. Manche färben im feuchten Zustand aus, hier ist vorsichtiges Ausprobieren ratsam.

Ohne Plan gehe ich ans Werk. Später kann ich die entstandenen Flächen unbelastet weiter bearbeiten. Kann ja nur besser werden.

TIPP Von dem Aufkleben mit Kleister rate ich ab. Dieser löst sich, wie bei Tapeten, bei Feuchtigkeit wieder auf. Holzleim oder Kleber sind ebenfalls für den Kunstbereich nicht geeignet und zu kostenintensiv.

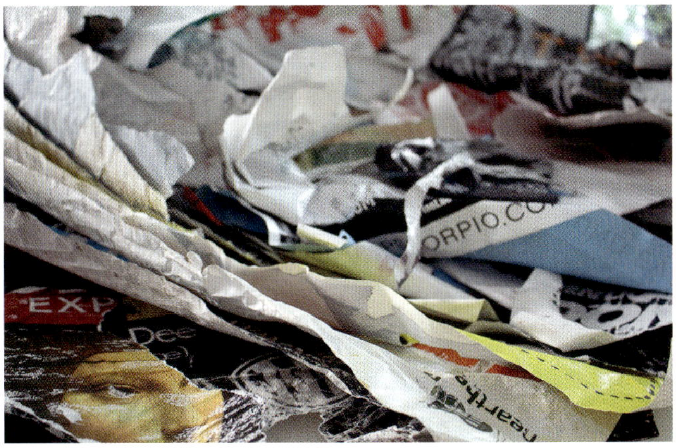

Plakate, einfach von der Wand gefallen ..., Glück gehabt!

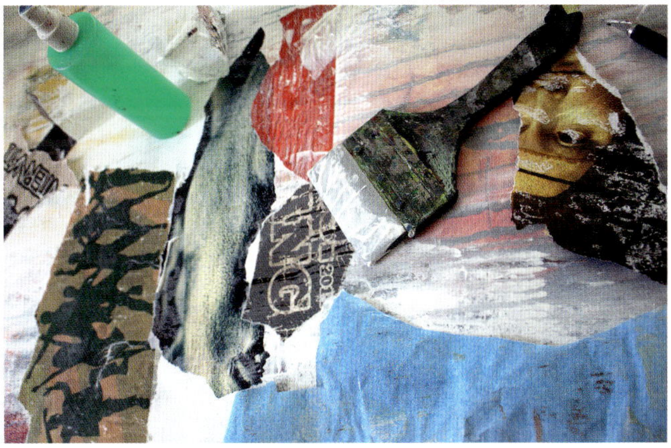

Aufkleben der Plakatschnipsel mit Binder

Schöpfpapier und Verpackungsmaterial

Schritt 2:
Farbe oder Farbreste auftragen

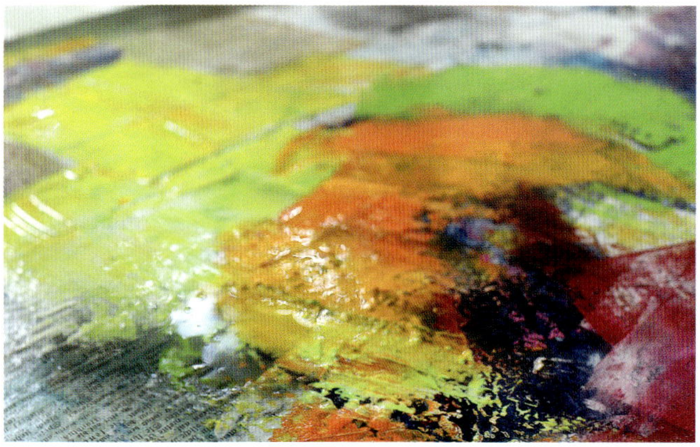

TIPP Die neue Leinwand kann einige Zeit als Malpalette dienen: zum Abstreichen von überschüssigen Farben, als Unterlagen für die Gummiwalze, zum Abmischen von Farbtönen. Dann ist die Angst vor der »weißen Leinwand« schon mal weg. Guter Trick!

Schritt 3:
Farbverläufe

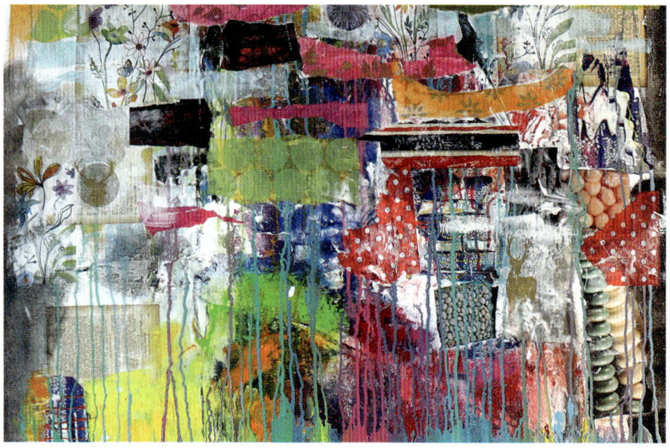

Und nun räumen wir wieder auf und beginnen mit den Farbverläufen.

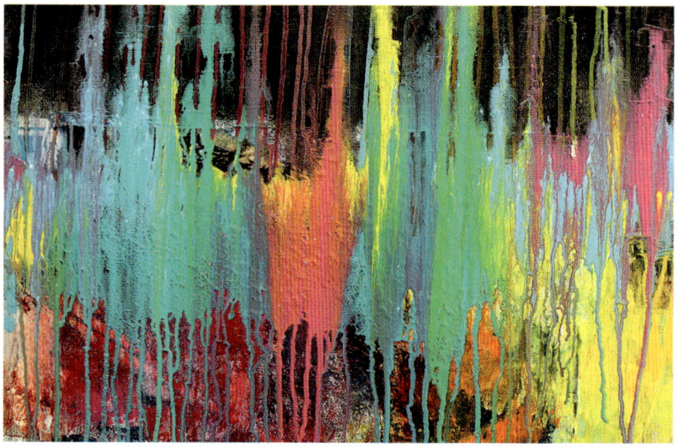

Farbverläufe

1 Acrylfarbe dünn auftragen.
2 Auf dem liegenden Untergrund mit einem feinen Wassersprüher die Flächen benebeln.
3 Warten, bis sich die Farbpigmente lösen, verdünnen und verwässern.
4 Nun in einer leichten Schräglage die Farben verlaufen lassen.
5 Ist das gewünschte Ergebnis erreicht, die Leinwand hinlegen und trocknen lassen.
6 Den Vorgang mehrfach wiederholen, auch in verschiedene Richtungen.

TIPP Von einer senkrechten Aufstellung des Bildträgers rate ich ab, so ist der Vorgang schwerer steuerbar und verläuft zu schnell. Unbedingt richtig trocknen lassen. Und ja, das passiert jedem Anfänger: Zu viele vermischte Farbtöne und wir haben die Assoziation »Durchgekochter Spinat«. Denn wenn sich zu viele Farbtöne vermischen, erhalte ich den Brei, mal freundlich ausgedrückt: »Spinatwindelgrün.« Aber: »Wir machen keine Fehler, nur Erfahrungen!«

Schritt 4: Strukturen

Spachtelmassen, Struktur- und Reliefpasten

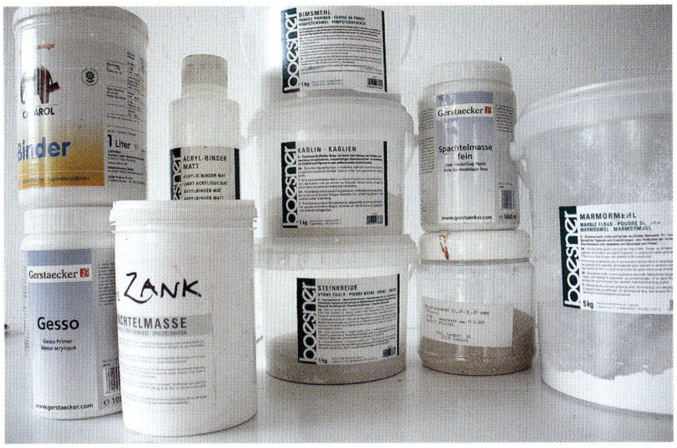

Mit den Spachtelmassen kannst du deinem Motiv durch plastische Strukturen mehr Tiefe verleihen, sozusagen das Dreidimensionale nutzen. Nicht zu dick aufarbeiten, denn schon kleine Strukturen bringen den gewünschten Effekt.

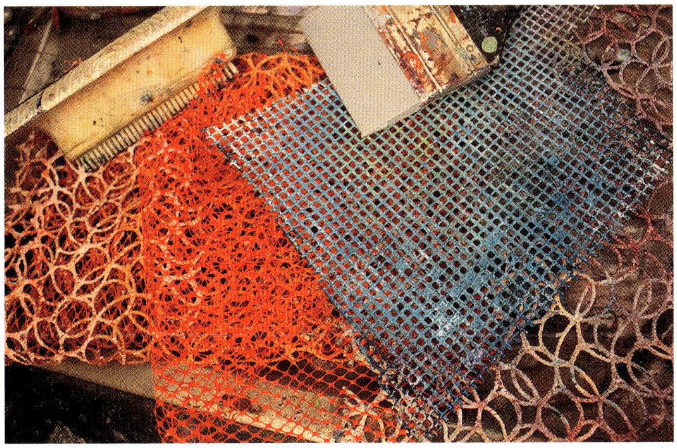

In die feuchte Masse können Muster, Netze, Gitter oder Ähnliches reingedrückt werden.
Vorsichtig abziehen und mit dem getrockneten Negativ weiterarbeiten.

Im Gegensatz zu Marmormehl trocknet Spachtelmasse in der gegebenen Form auf und wirkt elastisch.

Die Pasten können mit Acryl-, Öl- und Aquarellfarben koloriert oder übermalt werden. Spachtelmassen basieren auf Kunstharzdispersion.

TIPP Du brauchst nur eine fertige, feine Spachtelmasse. Wünschst du dir eine grobe Struktur, kannst du Vogelsand oder getrockneten Kaffeesatz in die Spachtelmasse streuen. Empfehlung des Herstellers: Nicht dicker als 7–10 mm auftragen, ansonsten können ungewünschte Risse entstehen. Dies finde ich allerdings schon viel zu dick!

Dünn, mit leichten Unebenheiten auftragen

Die Netze und Gitter sind auch für farbige Abdrucke geeignet.

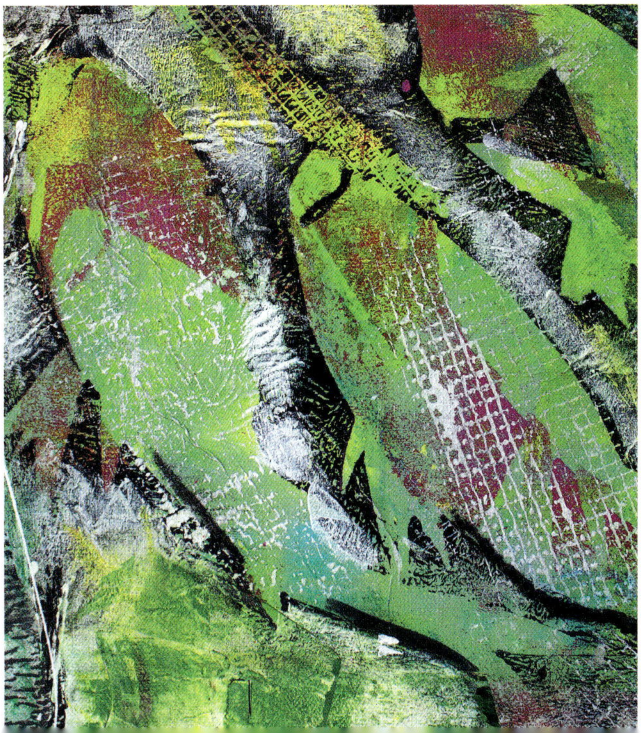

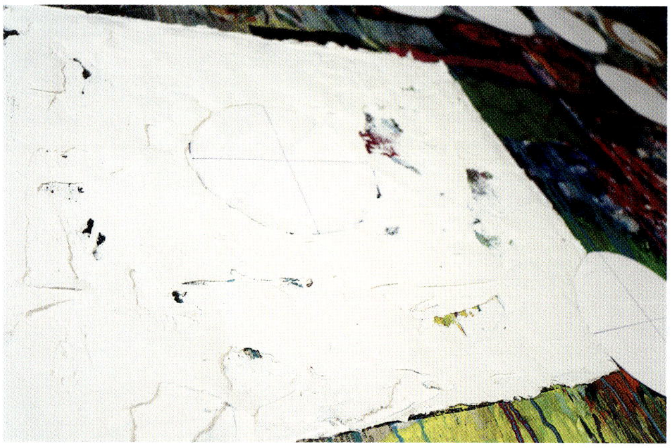

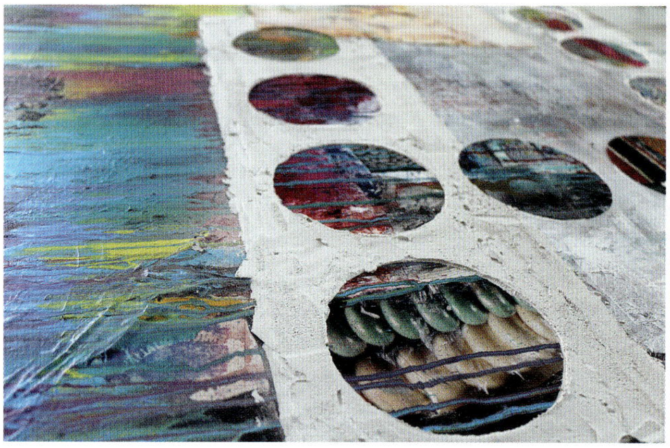

1 Kreise, ausgeschnitten aus Karton, auf den Untergrund legen.
2 Spachtelmasse auftragen und anschließend die Pappkreise wieder entfernen. Trockenzeit einplanen!

Bimsmehl

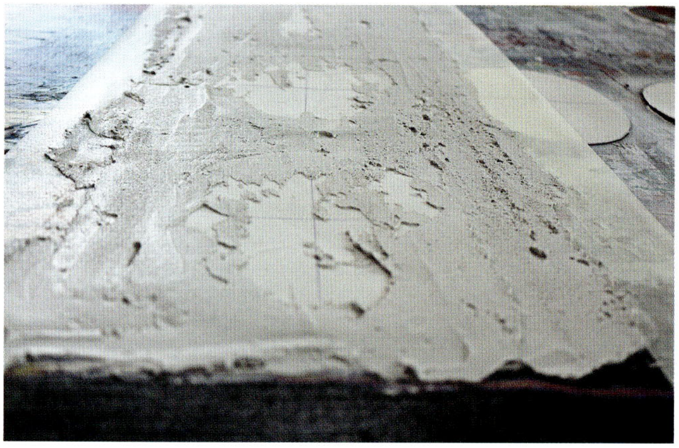

Das Bimsmehl wird mit Binder zu einer festen Konsistenz angerührt. Die Masse auftragen, anschließend die losen Kreise entfernen.

Feinkörniges Bimsmehl besteht aus Kieselsäure. Verrührt mit Binder ergibt es eine etwas raue, hellgraue Spachtelmasse. Getrocknet erinnert es an Omas Bimsstein.

Steinmehle

Steinmehle werden ebenfalls mit Binder vermischt und sind nach der Trocknung wasserfest. Auch hier hält der Fachhandel eine große Vielfalt bereit.

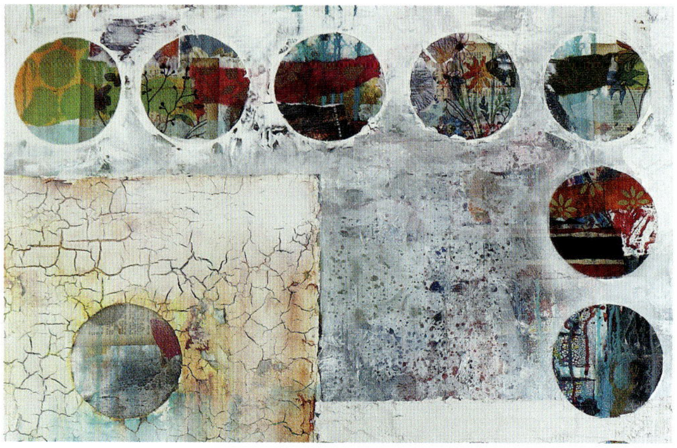

Strukturen mit Spachtelmassen, Marmormehl und Bimsmehl

Marmormehl

Marmormehl wird als Pulver angeboten. Es ist gemahlener Kalkstein und ein Naturprodukt.
Das Mehl rühre ich mit Acrylbinder und ungefähr einem Zehntel Wasser an, für mich die einfachste Lösung. Die Masse sollte recht fest sein. Das ist mühselig, bringt aber ein gutes Ergebnis.

Der Auftrag wird glatt verstrichen. Vorteil: Das Ergebnis ist nicht kalkulierbar. Das macht die Arbeit spannend. Marmormehl muss richtig durchtrocknen.

Anschließend verdünnte, lasierende Farben verwenden, um die Risse nicht aufzufüllen.

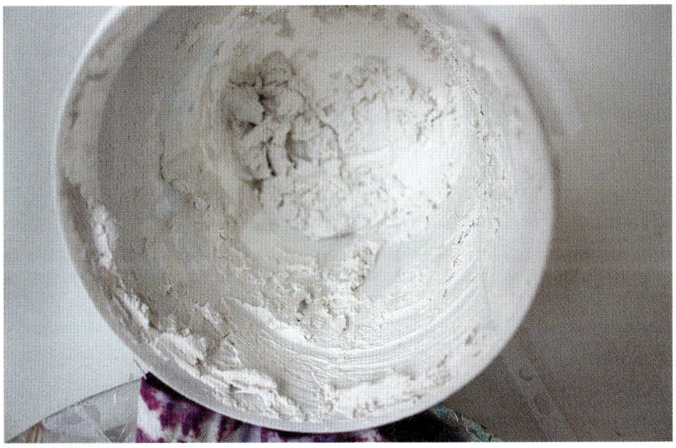

Mein angerührtes Mehl ist fest, fast krümelig. Auch fertige ich auf Vorrat an. Gut verschlossen in einem Gefäß hält es sich sehr lange.

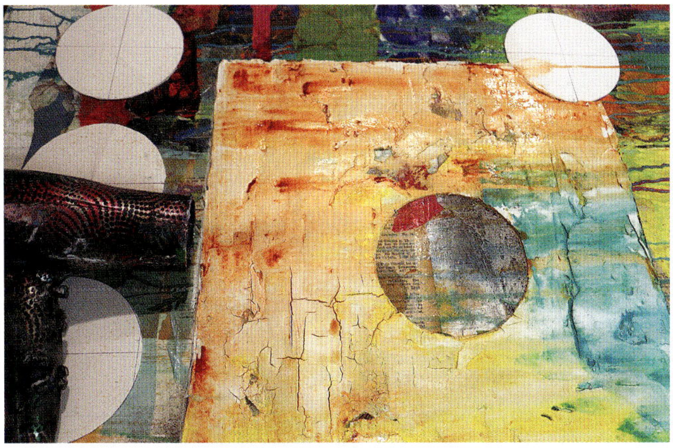

Marmormehl auftragen
Auch hier habe ich die Pappkreise verwendet, das Marmormehl glatt aufgestrichen und in diesem Fall eine dünne Farblasur direkt auf die nasse Masse laufen lassen.

TIPP Eine dünne Schicht Marmormehl ergibt feine, ein dicker Auftrag breite Risse. Die »Schuppenbildung« hängt auch von der Dicke der Schichtung ab. Die Wirkung ist ähnlich wie bei einem ausgetrockneten Flussbett.

TIPP Marmormehl trocknet ewig lange. Der Stoff der Leinwand fühlt sich lange feucht an. Langes Föhnen beschleunigt den Trocknungsprozess. Abwarten und Tee trinken, Sonnenschein oder eine Heizung und eine lange Bettruhe bringen es dann letzten Endes auch.

TIPP Farbreste oder »ungeliebte« Farbtöne eignen sich ebenfalls als Struktur. Gerade alte oder nicht so hochwertige Farben können, haptisch gespachtelt, für den Untergrund verbraucht werden.

Schritt 5:
Richtungswechsel

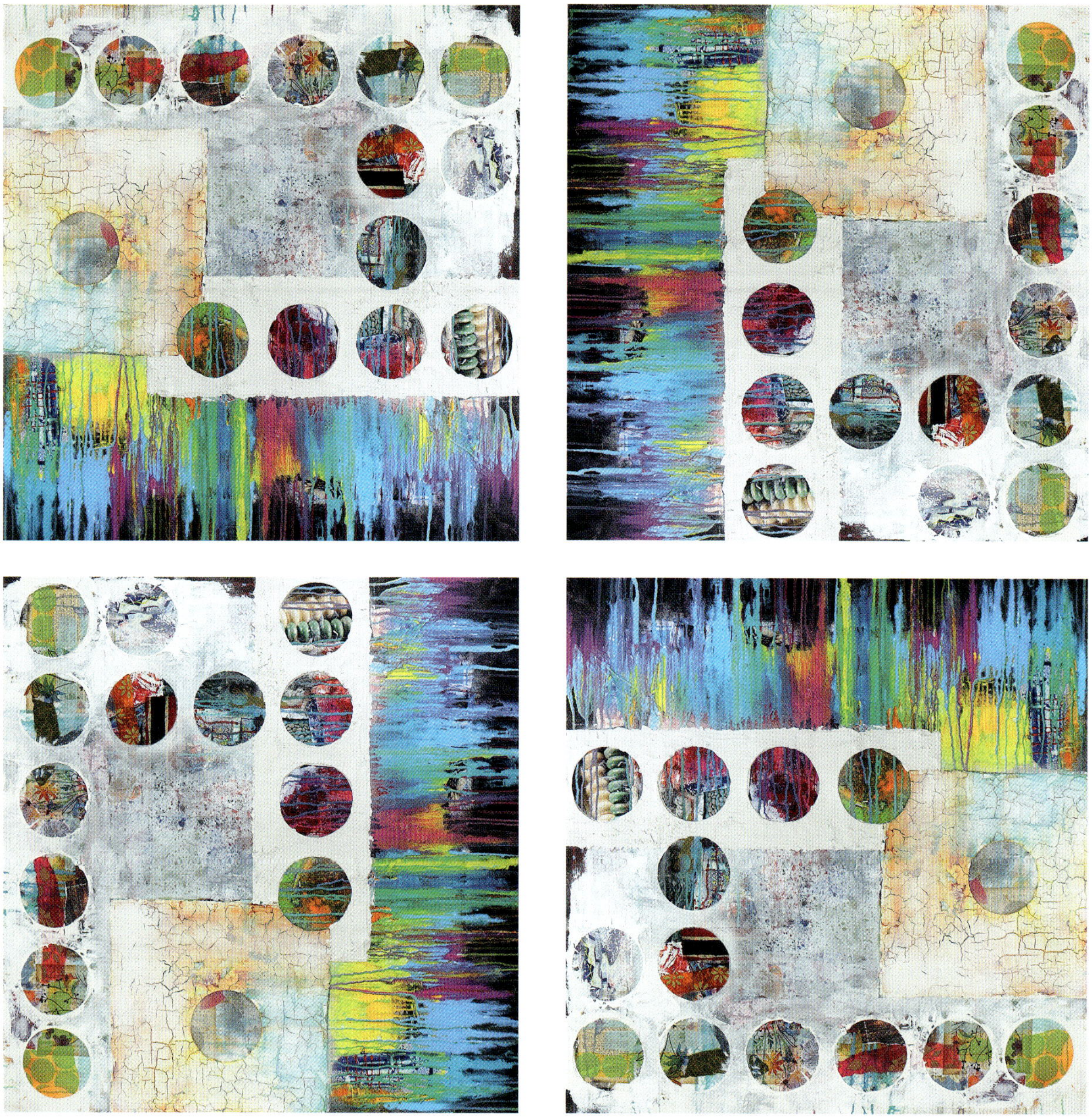

Bevor ich mich für eine Richtung festlege, drehe ich die Leinwand im Uhrzeigersinn.

TIPP Das Drehen des Keilrahmens im experimentellen Arbeitsprozess ist wichtig. Ich kann mir aber nur ein »Bild« machen, wenn ich meine Arbeit auf Distanz betrachte. Der kurze Abstand fokussiert die Details, aber nie das gesamte Bild. Also: Zwei bis drei Schritte zurücktreten und sich jede Seite gönnen.
Solltest du einfach nicht weiterkommen, hilft auch eine zeitliche Distanz.

Schritt 6:
Schriftschablonen

Für Schriftschablonen eignet sich am problemlosesten der Typ Stencil.

Hier sind die Halterungen schon vorhanden. Es bietet sich an, die Worte oder Texte am PC zu schreiben und auszudrucken. Mit einer fertigen ABC-Schriftschablone ohne Übung zu schreiben ist schwierig, da jeder Abstand zwischen den Buchstaben seine eigene Regel hat.

TIPP **Bevor es an das Ausschneiden geht, klebe ich Tesafilm auf das Motiv. Die Schablone wellt sich dadurch nicht und kann mehrfach verwendet werden.**

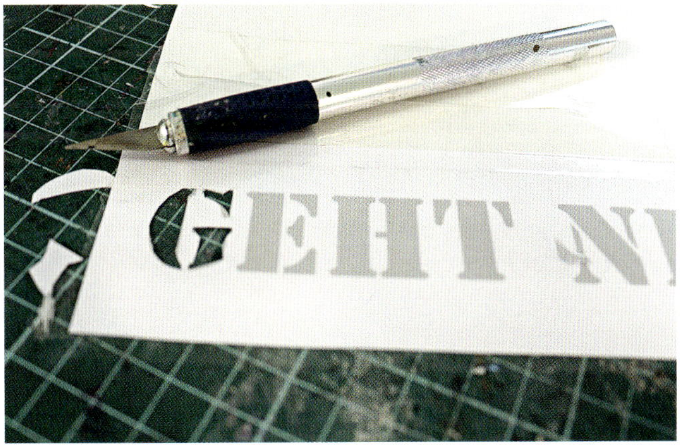

Schrifttyp Stencil

Schritt 7:
Handschrift mit Füllflaschen

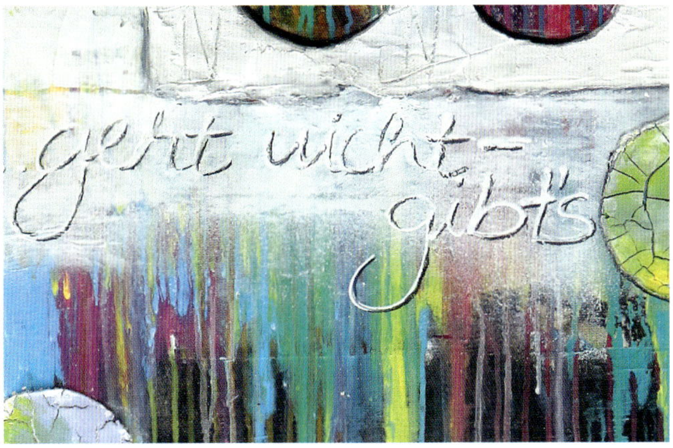

Handschrift mit den Füllflaschen; der Schatten ist mit Kohle gezeichnet.

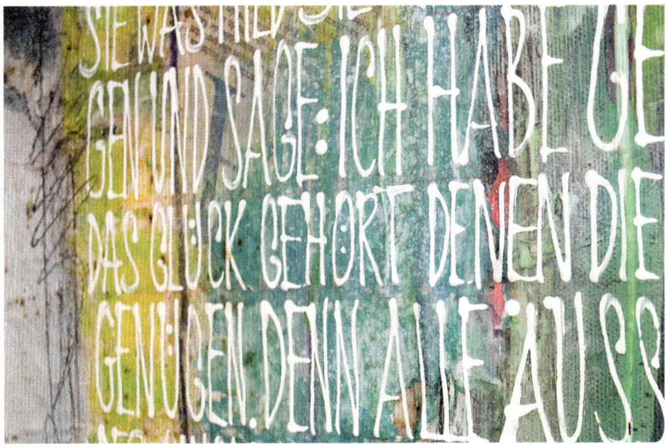

Weitere handgeschriebene Beispiele. Hier habe ich mir Hilfslinien gezogen.

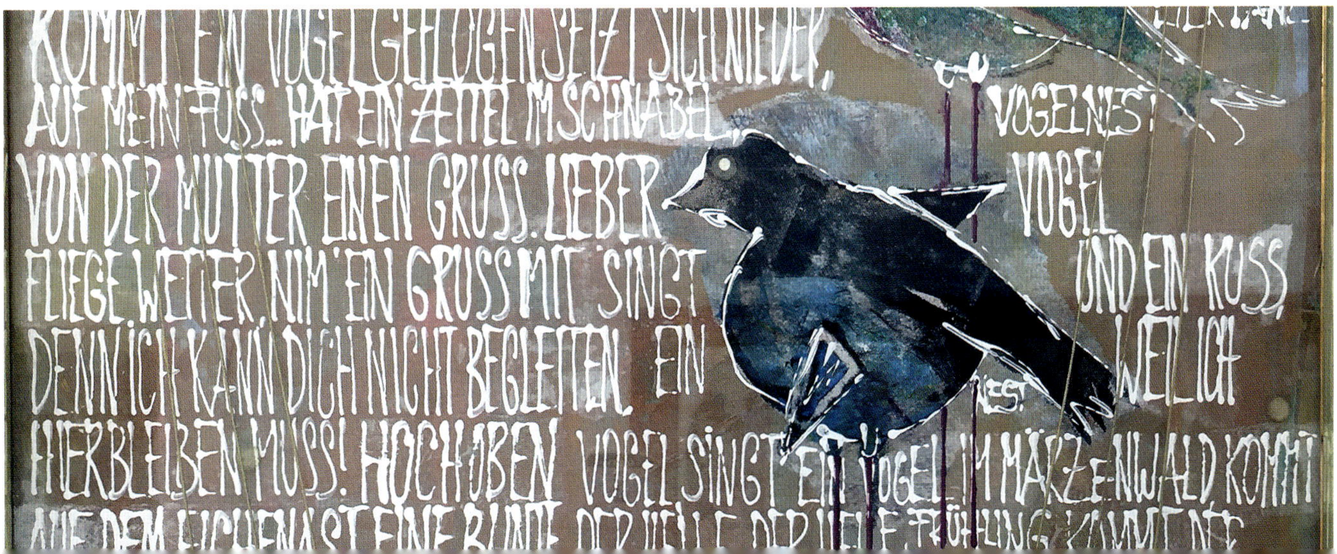

Ilse Aber, meine beste Malfreundin

Ilse legt los ...

»Ilse, möchtest du Strukturpaste und einen Klacks Marmormehl? Seidenpapier könntest du mit Binder aufkleben und dann sehen wir weiter. Ich zeige dir gern, wie man das dünn aufträgt und ein paar kleine Unebenheiten stehen lässt. Bitte nicht zu dick und bitte keine Dinge formen, du legst dich dann zu früh auf eine Bildseite oder ein Motiv fest.«
Ilse nickte.
»Versuch mal, nicht an das Ergebnis zu denken, also kein fertiges Bild im Kopf haben, schon gar nicht am Anfang.«
»Aber das geht doch gar nicht, ohne zu denken«, meinte Ilse.
Ich sah Ilse an, dass sie es aber zumindest versuchte.
»Vertraue mir einfach, es wird gehen. Wir machen keine Fehler, nur Erfahrungen.«
»Na klar«, war die Antwort, »mach ich, ich möchte ja schließlich was lernen.«

Begeistert spachtelte Ilse die Massen ungefähr 4 cm dick auf die Leinwand und fragte, ob die Muscheln in der feuchten Pampe halten würden. Aus Seidenpapier und viel Binder hatte sie einen Gebirgszug kreiert.

»Liebe Ilse, kann ich dir ein wenig helfen?«
»Aber gerne doch«, sagte Ilse.
»Es ist leider zu dick geworden.«
»Und nun?«, fragt Ilse.
»Das kriegen wir noch hin. Wir reduzieren die feuchte Spachtelmasse und verteilen das Seidenpapier auf der Leinwand. Dann hast du es beim nächsten Schritt leichter, wenn du mit der Farbe beginnst.«
»Aber ich dachte, Struktur muss ganz dick, damit man es nachher auch sieht?«
»Du Ilse, nicht so schlimm, Anfängerfehler«, kam von den anderen Teilnehmern. »So haben wir alle mal angefangen, wird schon ...«
Ich entschied mich, den restlichen Abend an Ilses Seite zu bleiben.

Ein halbes Jahr später haben sich Ilse und Robert ein Original von mir gekauft. Nicht haargenau Sofabreite, aber es passt gut dahin. Ilse malt bis heute, inzwischen richtig gut und mit Spaß, bei mir in den Wochenkursen. Wir denken gerne an die Anfänge zurück, besonders wenn »Neue« zum Malen kommen.

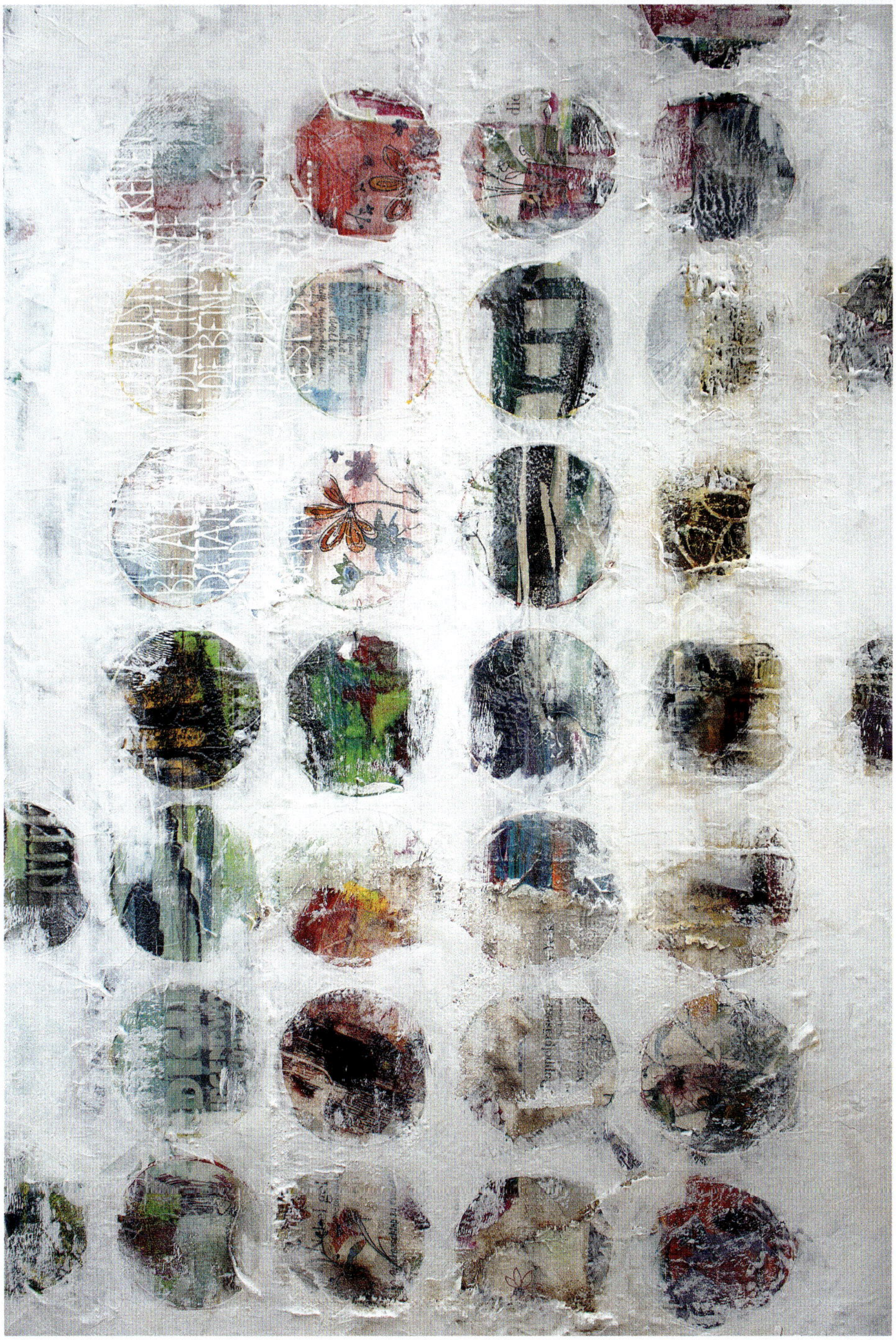

Ich seh, ich seh was

80 x 120 cm

MachART

Farbreste, Monotypien, buntes Papier, Plakatabrisse, Schriften und Texte als Untergrund, anschließend mehrere Schichten aus Acrylfarben, teilweise lasierend. Die Kreise wurden überwiegend ausgespart. In diesem Fall aber nicht so streng geometrisch gehalten.

Bildbeispiele

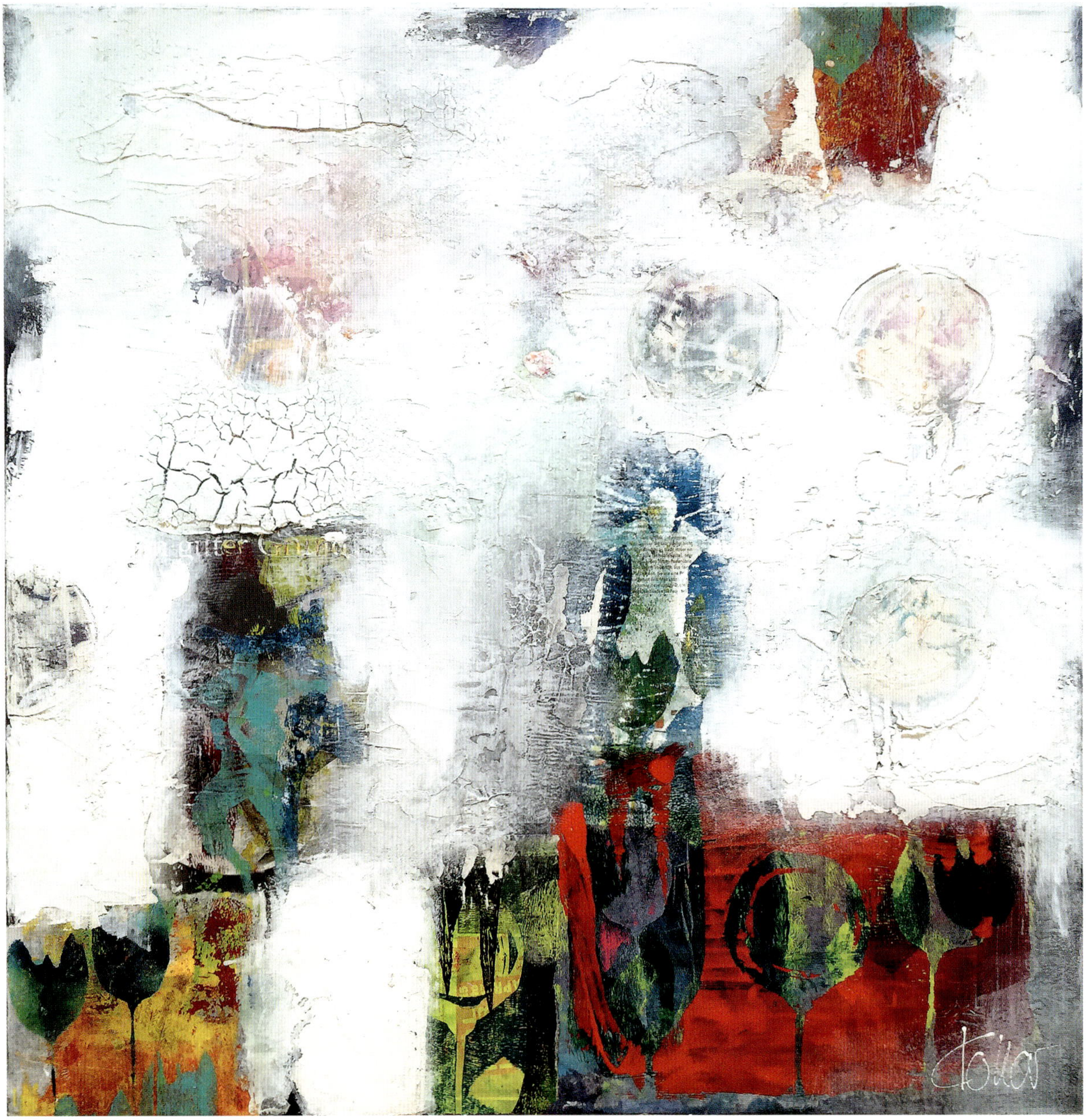

Garten
80 x 80 cm
MachART

Untergrund: Acryl, Monotypien und Schablonenabdrucke, Spachtelmasse und Marmormehl, Strukturflächen mit heller Farbe lasiert

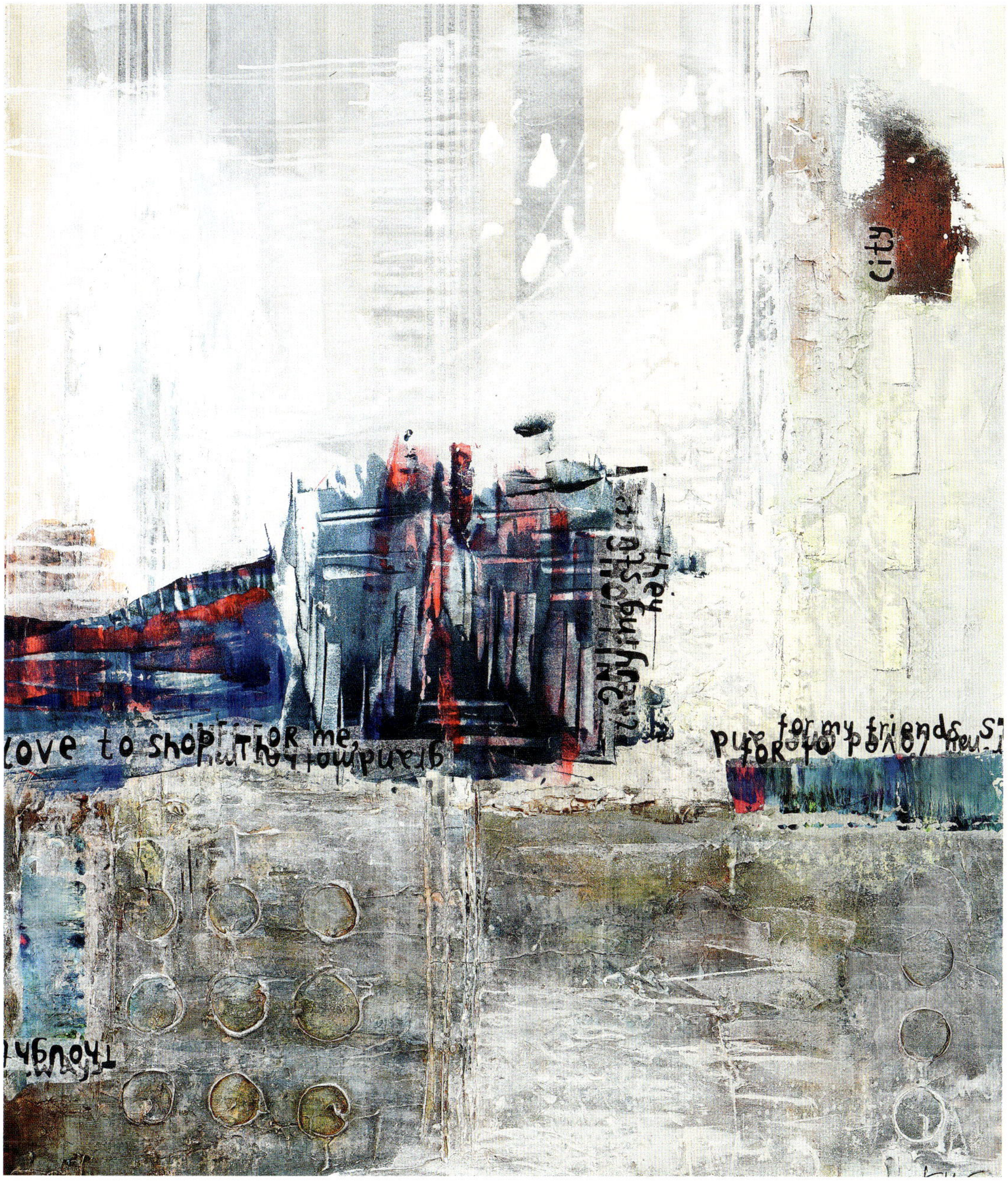

City

100 x 120 cm

MachART

Für das Bild »City«

habe ich einen gestreiften Stoff als Untergrund genommen. Textil lässt sich gut mit Acrylbinder aufkleben. Mit einem Plastik- oder Metallspachtel, ausgehend von der Mitte, die Luftblasen aus der Fläche streichen. Eine gute Vorbereitung ist hier sehr hilfreich, da der nicht angelegte Stoff unschöne Wölbungen auf dem Bild ergibt und an diesen Stellen auch keine Haftung zum Untergrund besitzt.

Der linke untere Bereich wurde mit Spachtelmasse gestaltet, die kreisrunden Ausschnitte im feuchten Zustand aus der Masse entfernt und Acrylfarben in mehreren Schichten und Schattierungen aufgetragen. Die blau-magentafarbigen Bereiche sind Monotypien. Zum Schluss habe ich Farbe auf das Bild laufen lassen.

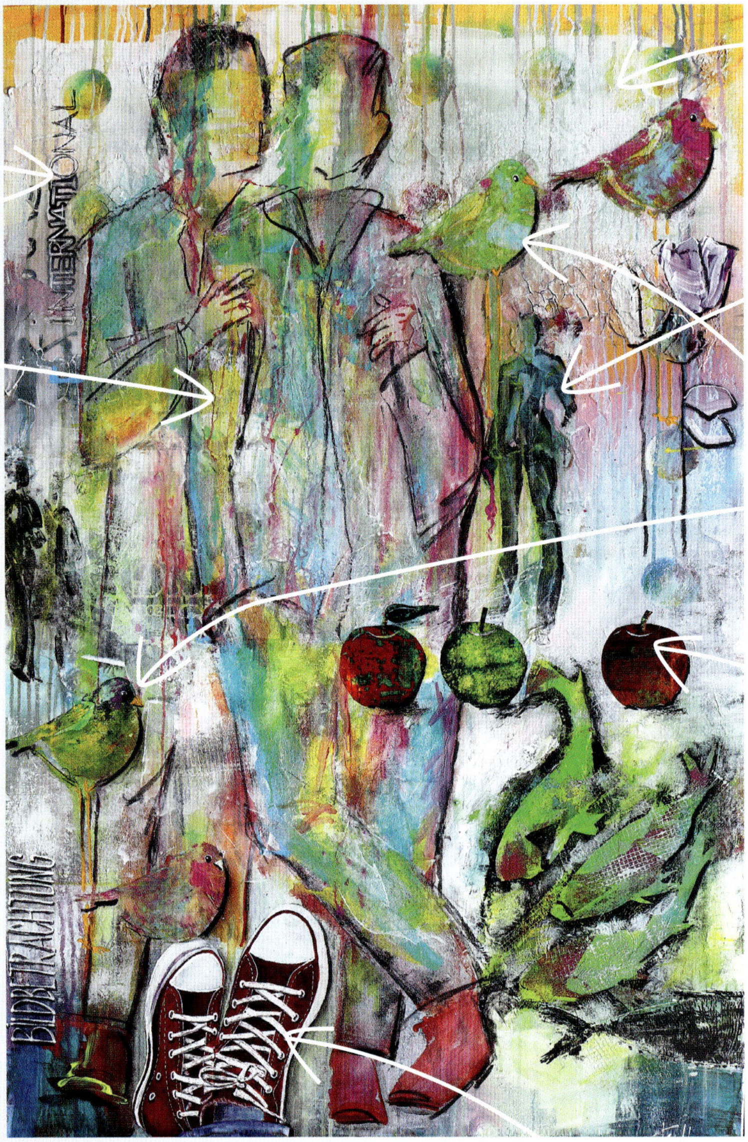

Geht nicht – gibt's nicht 2
80 x 120 cm
Mischtechnik auf Leinwand
MachART

Nach dem Motto: So viele Techniken wie möglich
Untergrund aus unterschiedlichen Materialien wie Spachtelmassen, Marmormehl, Acrylfarben, Plakatabrissen, Zeitungsausschnitten usw. / Farbverläufe mit verdünnter Acrylfarbe / Flächen beruhigen / Bunte Kreise auftragen / Turnschuhe und Figuren skizzieren und gestalten / Monotypien einarbeiten / Schablonendruck / Schrift: Handschrift

Geht nicht – gibt's nicht, Bild 2

Schritt 1:
Bilduntergrund gestalten

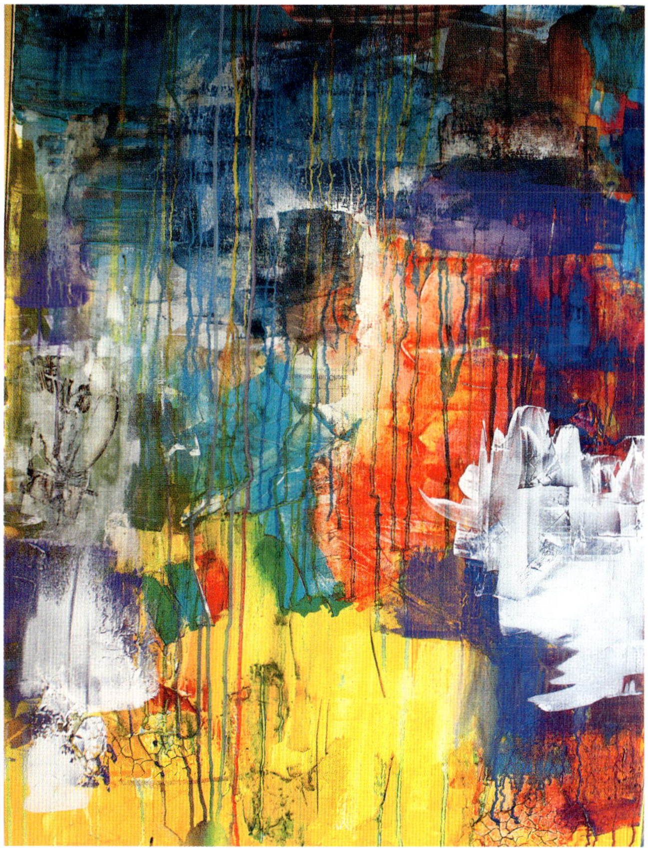

Der Untergrund besteht aus: Spachtelmasse, Marmormehl und Acrylfarbe.

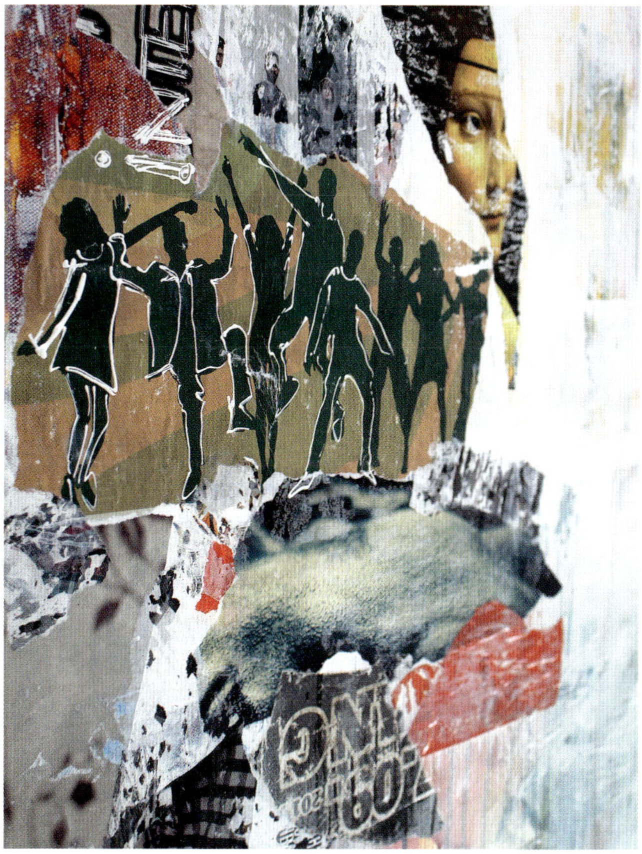

Detail mit Plakatabrissen

1 Die Spachtelmasse partiell dünn auftragen und die Flächen richtig durchtrocknen lassen.
2 Das Marmormehl glatt und flächig auftragen. Bitte Zeit und Geduld für den Trocknungsprozess einplanen. Eine dünne Schicht Marmormehl ergibt feine, ein dicker Auftrag breite Risse. Die »Schuppenbildung« hängt auch von der Dicke der Schichtung ab. Die Wirkung ist ähnlich wie bei einem ausgetrockneten Flussbett.
3 Zeitungsausschnitte, Plakatabrisse oder farbiges Papier mit Binder aufkleben. Illustrierte bieten ebenfalls unendliche Schätze an Fotos, Abbildungen von Menschen und Gebäuden, Schriftfragmenten und so weiter. Ich habe meine gesammelten Kostbarkeiten – nach Themen – in Mappen sortiert.
4 Acrylfarben unverdünnt auf den getrockneten Untergrund aufbringen. Nun sieht es richtig wild aus. Es wird Zeit, das Bild wieder aufzuräumen. Das ordne ich mit Farbverläufen.

Schritt 2:
Farbverläufe

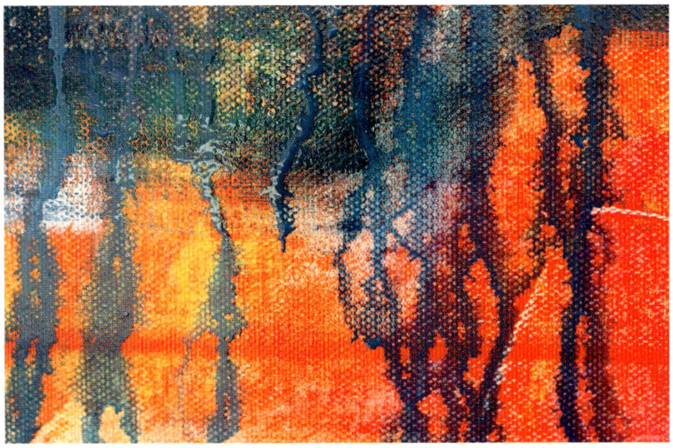
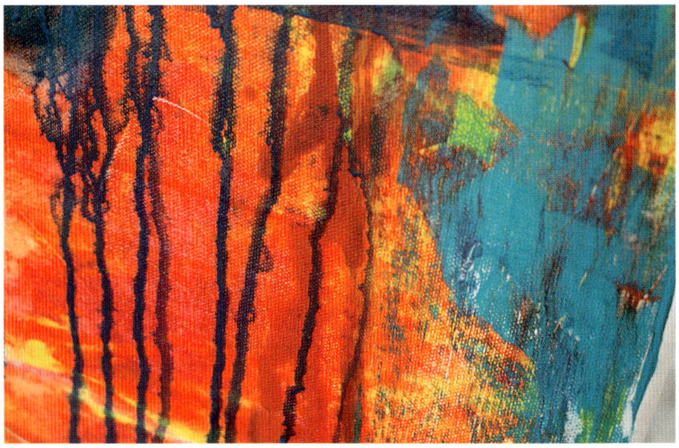
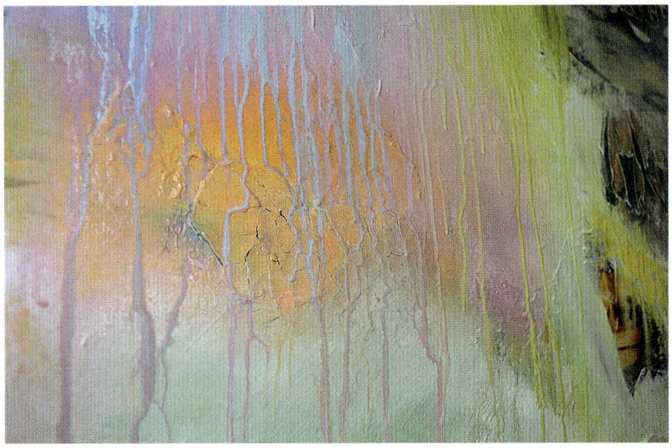
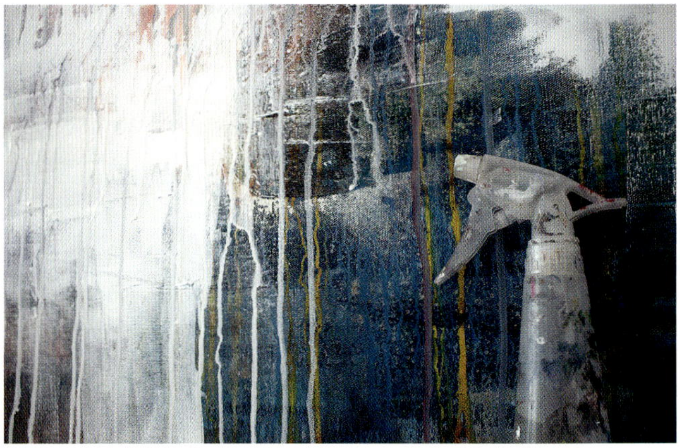

Detail: Farbflächen mit Verläufen

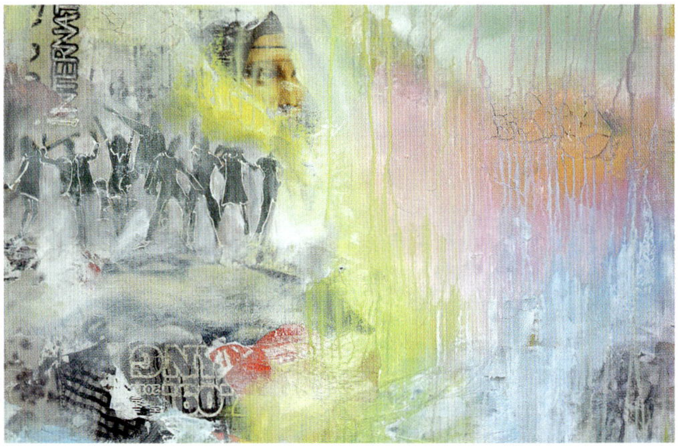

1 Acrylfarbe dünn auftragen.
2 Auf dem liegenden Untergrund mit einem feinen Wassersprüher die Flächen benebeln.
3 Warten, bis sich die Farbpigmente lösen, verdünnen und verwässern.
4 Nun in einer leichten Schräglage die Farben verlaufen lassen.
5 Ist das gewünschte Ergebnis erreicht, die Leinwand hinlegen und trocknen lassen.
6 Den Vorgang mehrfach wiederholen, auch in verschiedene Richtungen.

Schritt 3:
Flächen beruhigen

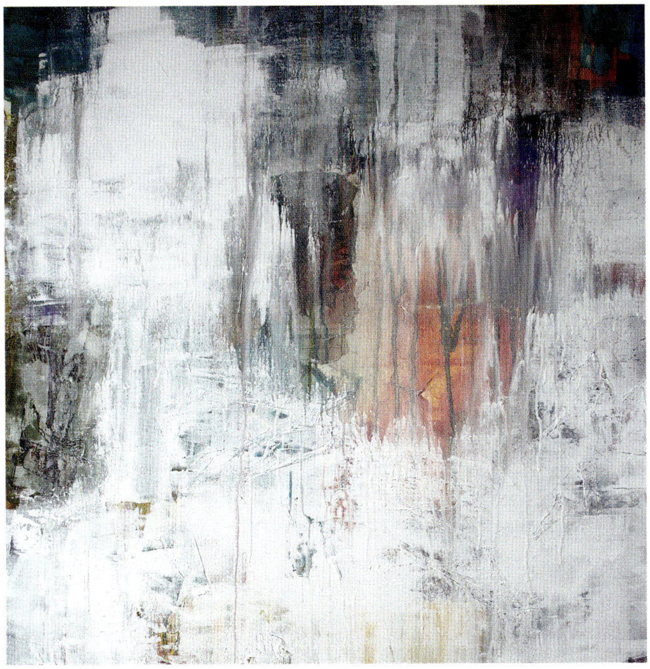

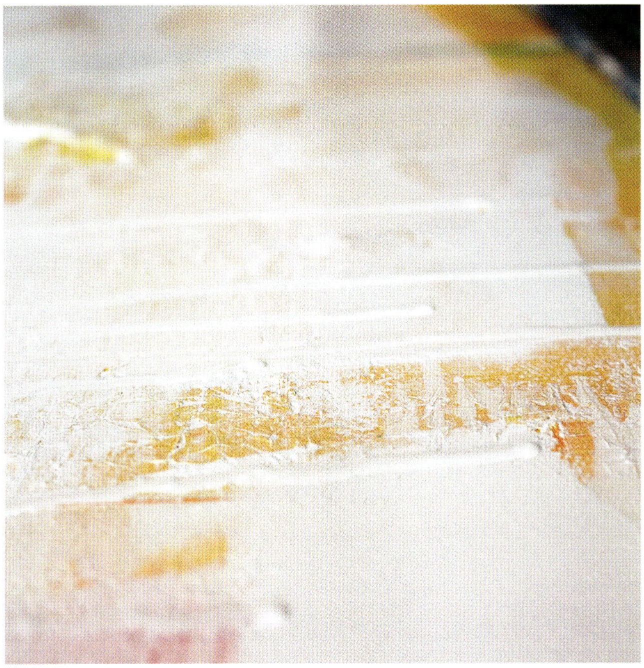

Die bunte, unruhige Fläche dünn mit weißer oder pastelliger Farbe beruhigen und die Farbe ebenfalls verlaufen lassen.

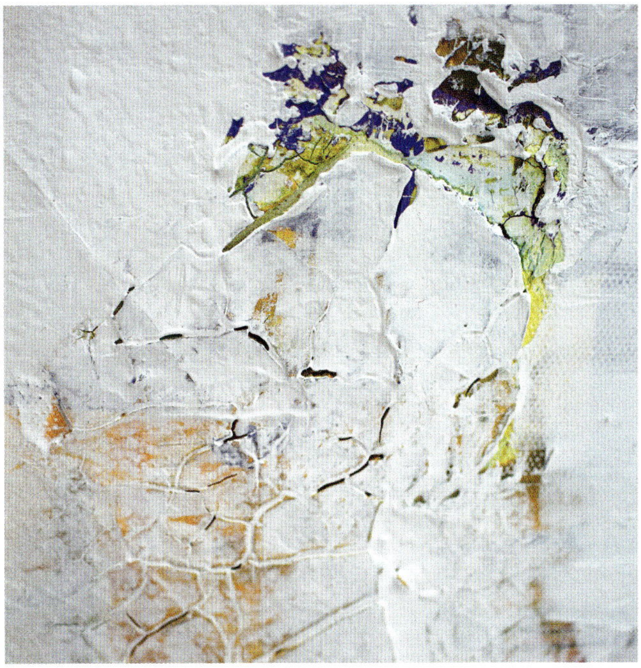

Detail: Marmormehl, Untergrund mit Farbverläufen

Schritt 4:
Kleine Farbkreise

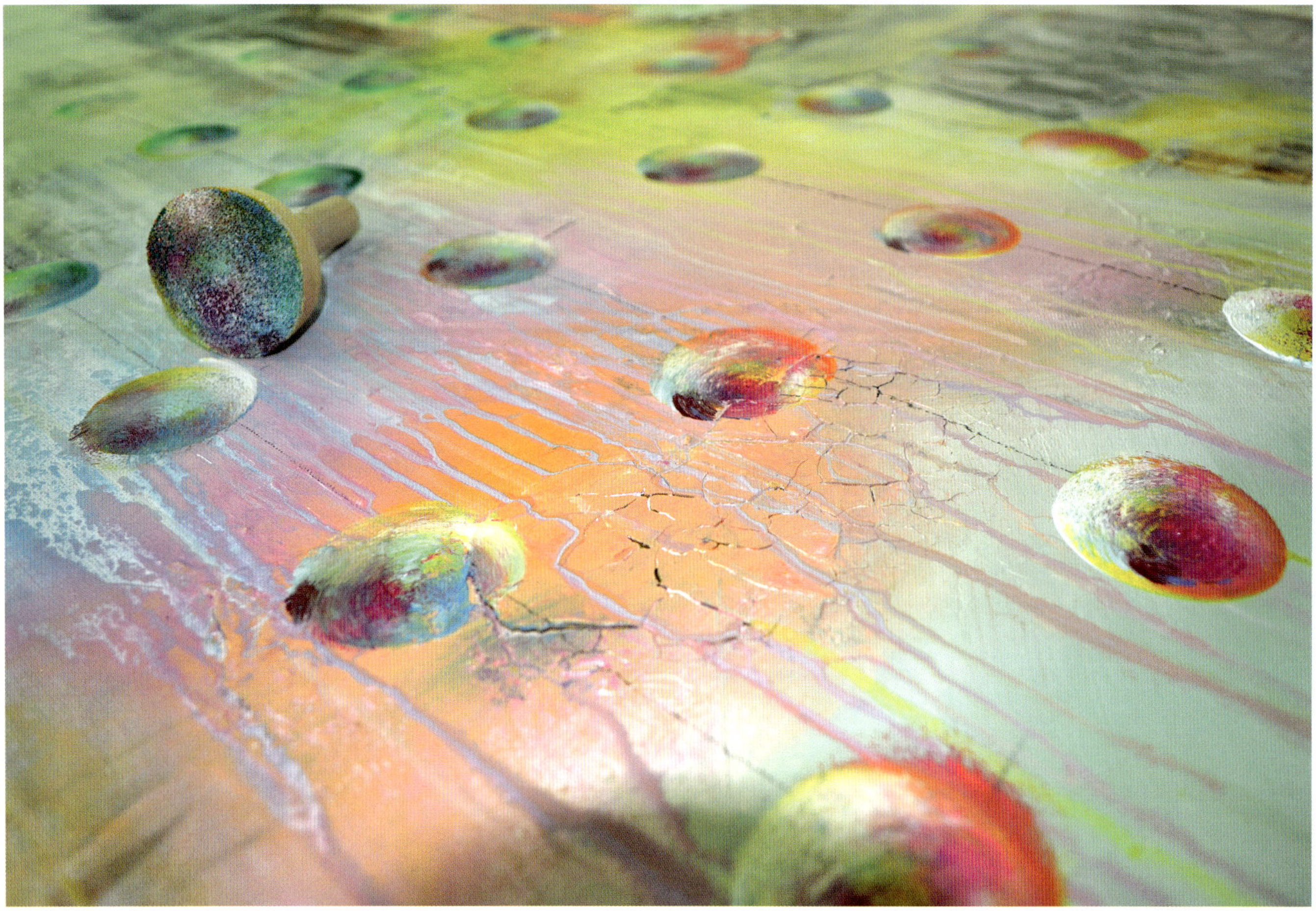

Auf einem runden Schaumstoffschwamm mehrere Farbtöne tupfen und diesen – nach dem Aufsetzen – drehen. Die bunten Kreise wurden teilweise wieder übermalt.

Schritt 5:
Turnschuhe skizzieren

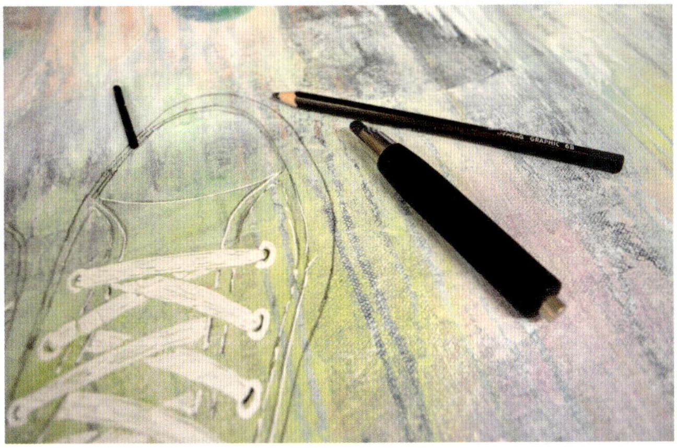

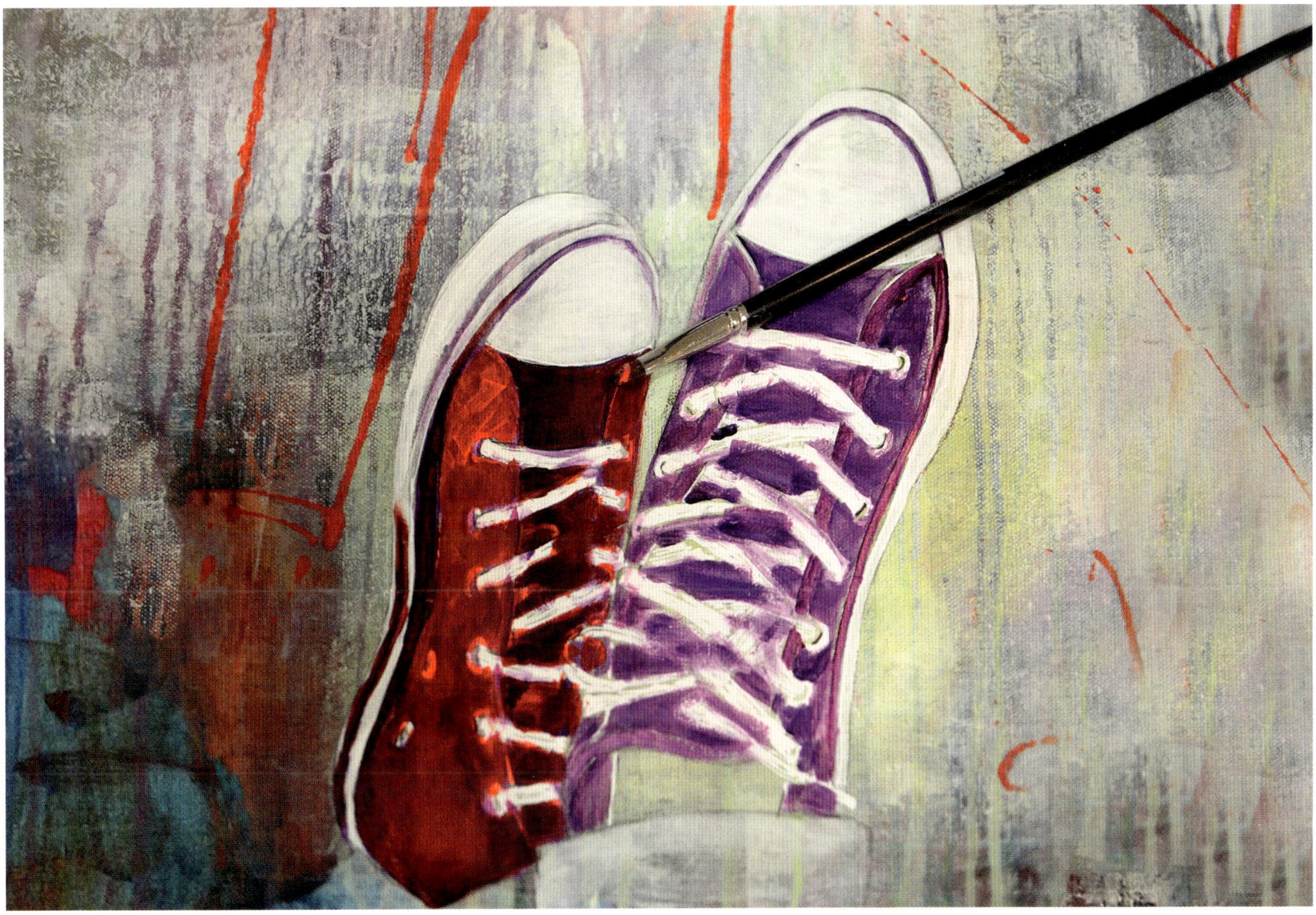

Schritt 6:
Figuren gestalten

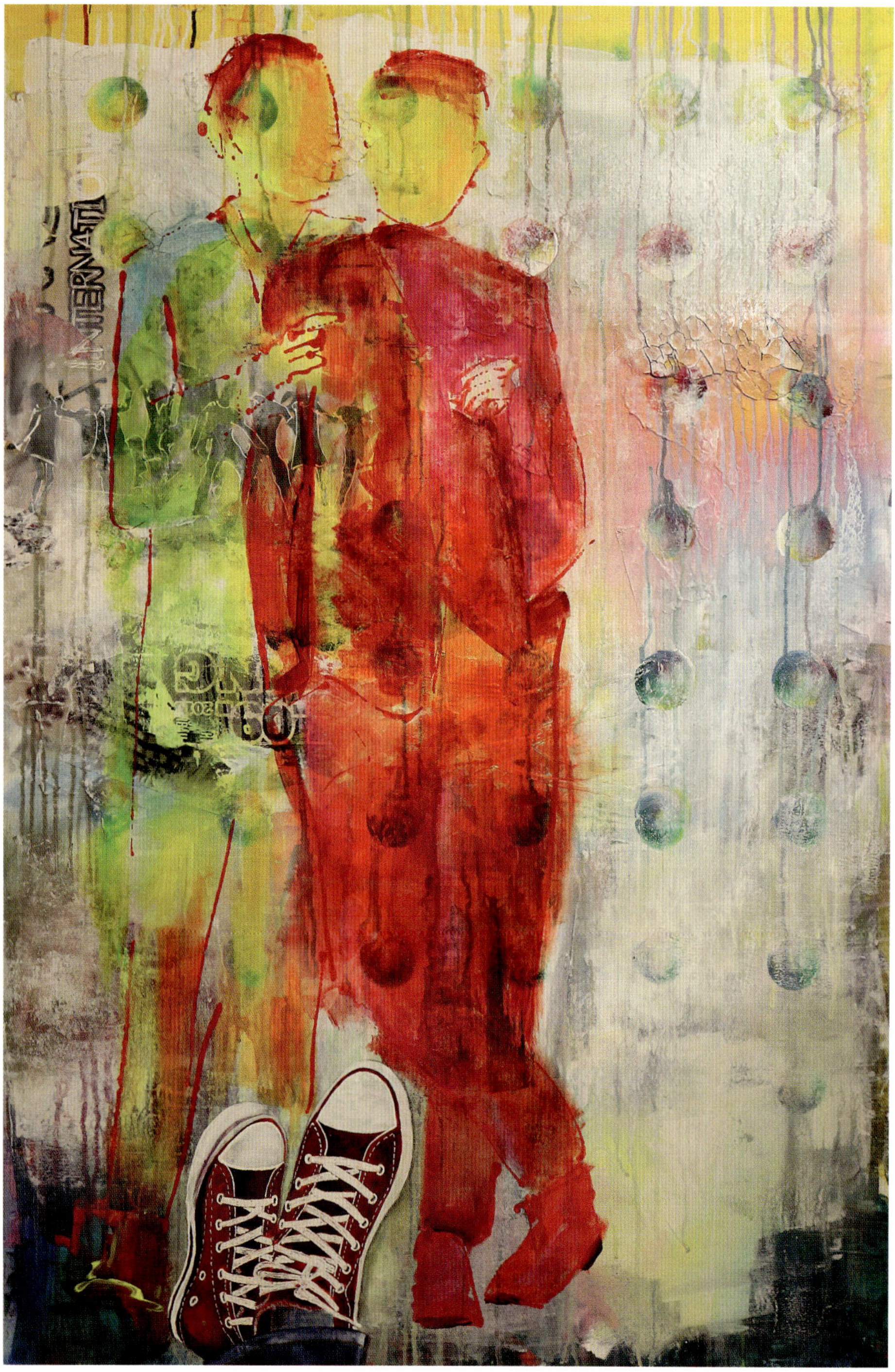

Figuren mit Kohle grob vorskizzieren und lasierend farbig gestalten.
Die Umrisse mit der Füllflasche nachzeichnen.

Schritt 7:
Monotypien und Drucke

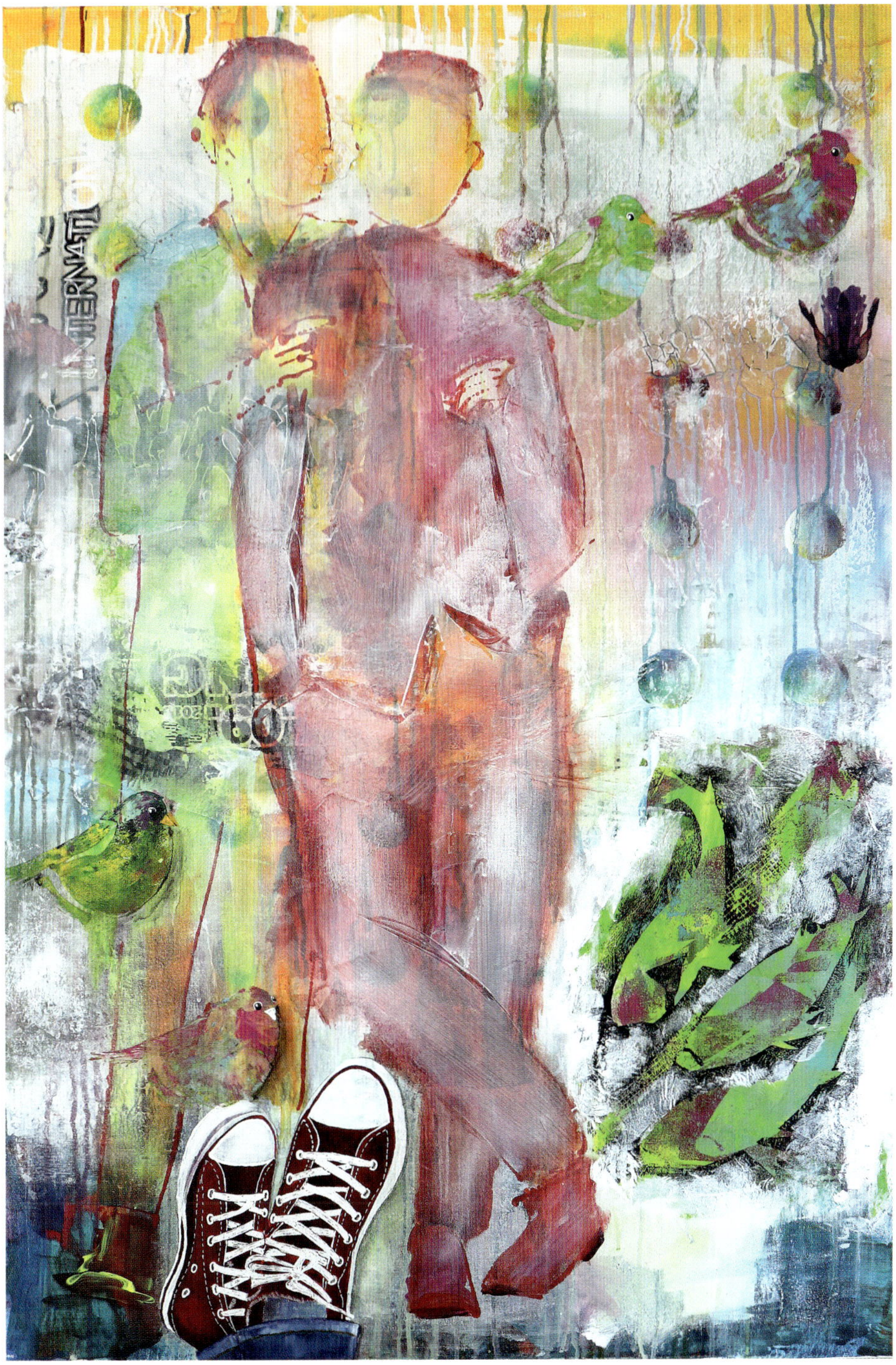

Fische-Monotypien und Vogel-Drucke platzieren und mit Binder aufkleben. Die Figuren habe ich mit einer hellen Farbe lasiert.

Schritt 8:
Schriften hinzufügen

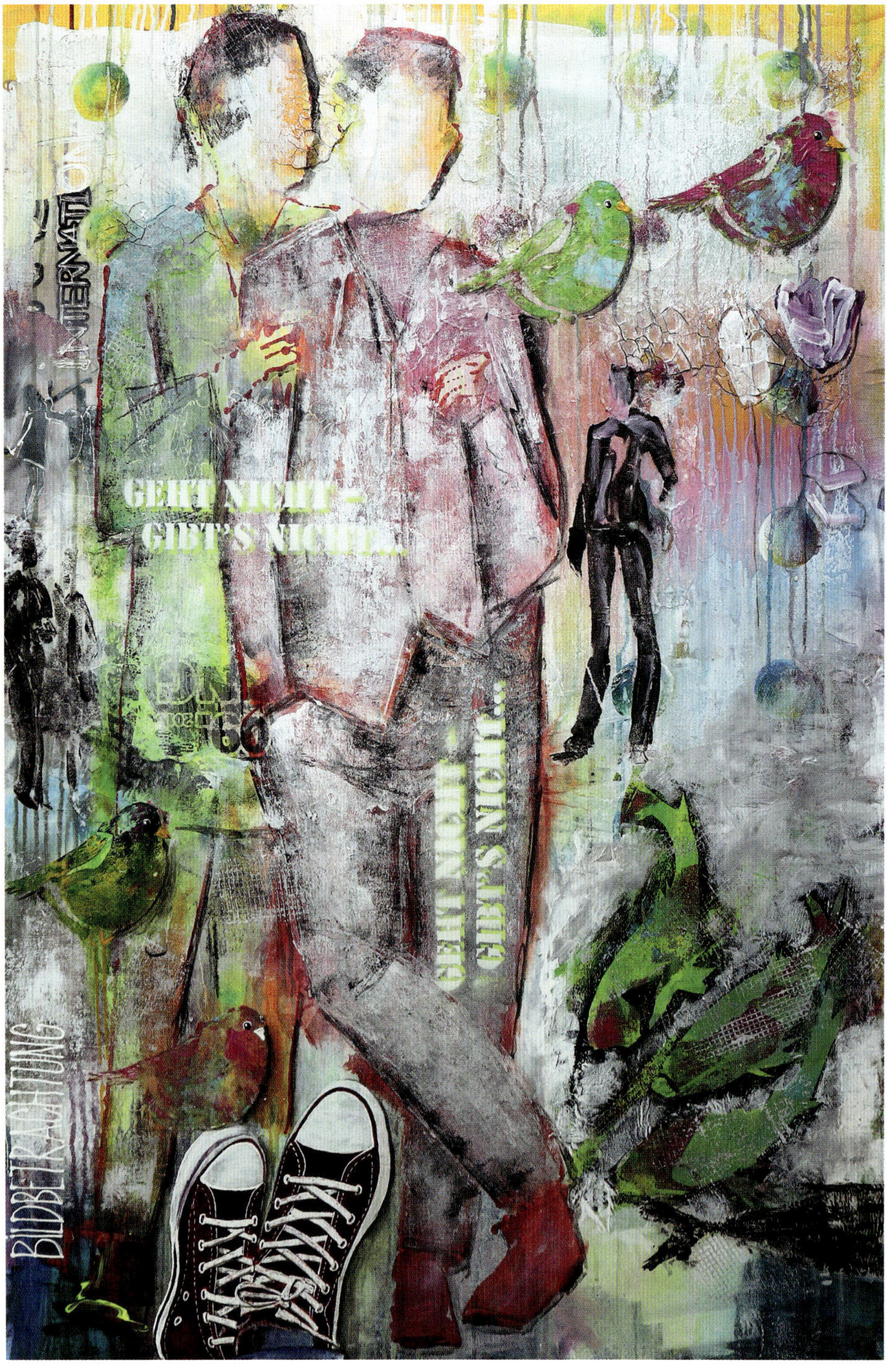

Kleine Monotypie-Figuren platzieren und mit Binder aufkleben.
Schablonenschrift mit Acrylfarbe auftupfen oder mit Sprühfarbe aufsprayen.

Schritt 9:
Details herausarbeiten

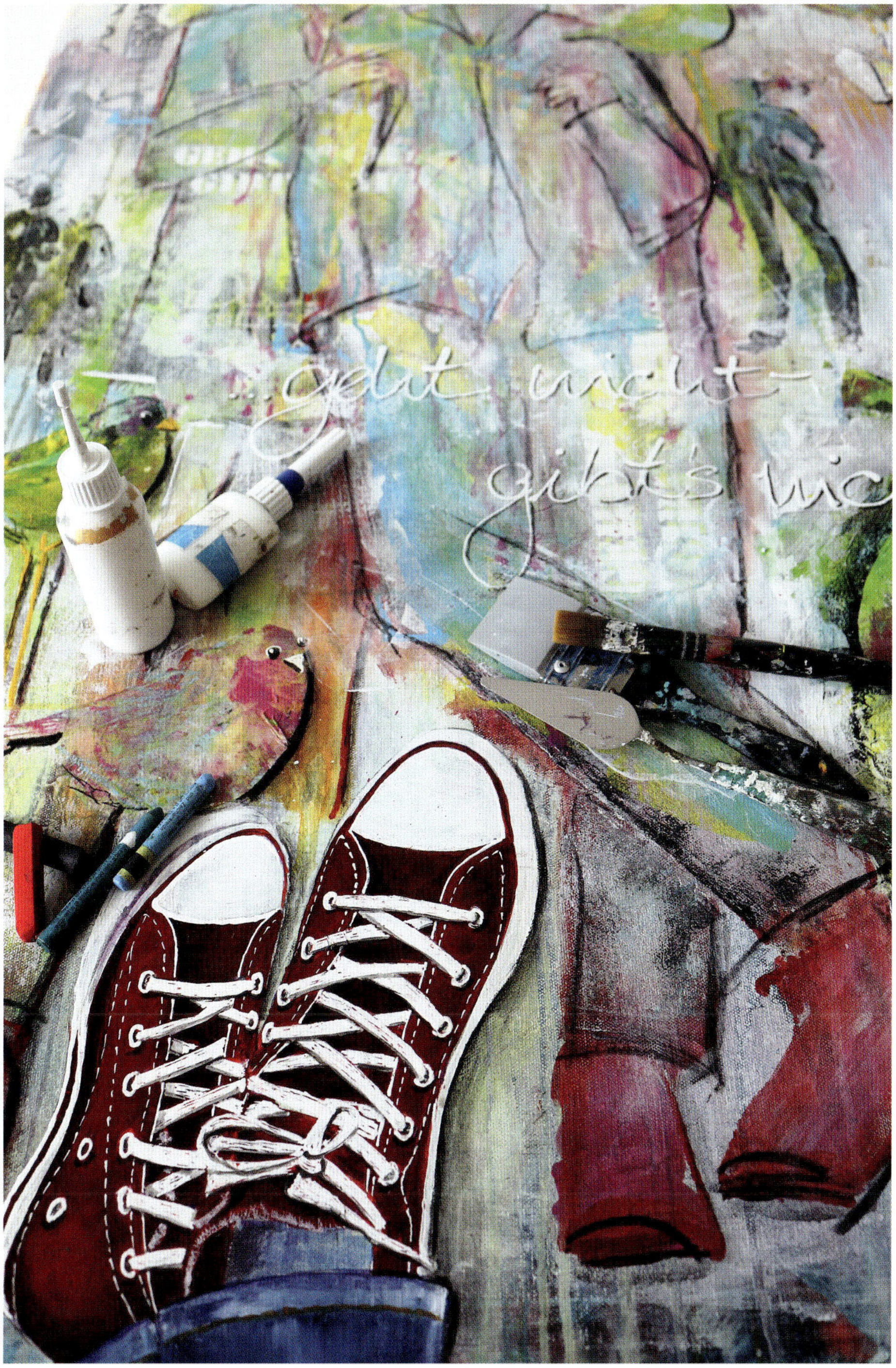

Detailabbildung, mit der Füllflasche habe ich den Text geschrieben.
An den Turnschuhen, Drucken, Monotypien und Texten dann Schattenkanten gesetzt.

Schritt 10:
Fertigstellung

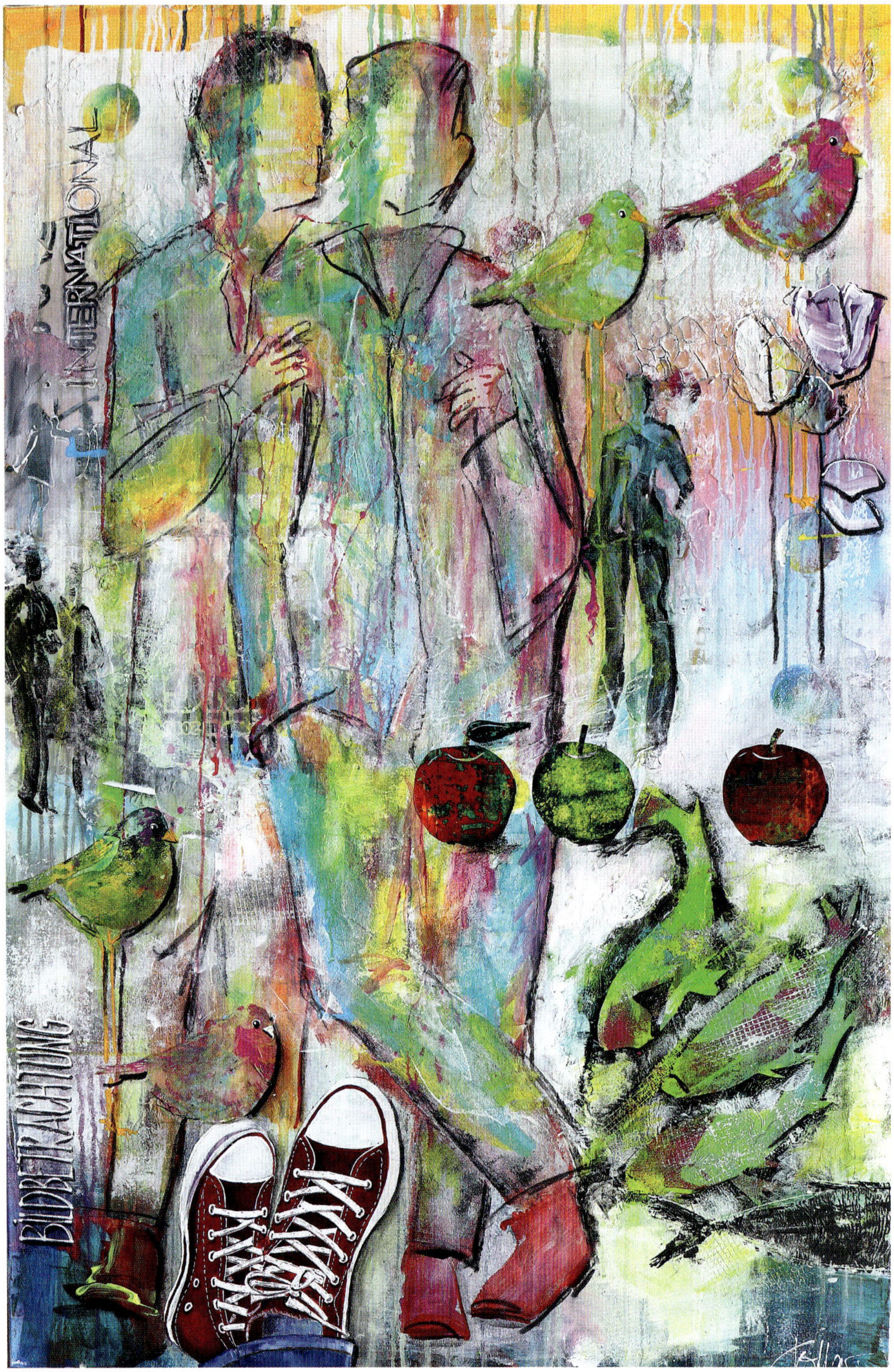

Beim Finish wurden Linien mit Kohle oder Ölstiften nachgezogen, auch als Schattenkanten.
Äpfel: ausgeschnitten aus KOLLARiertem Chinapapier.

Fertiges Bild

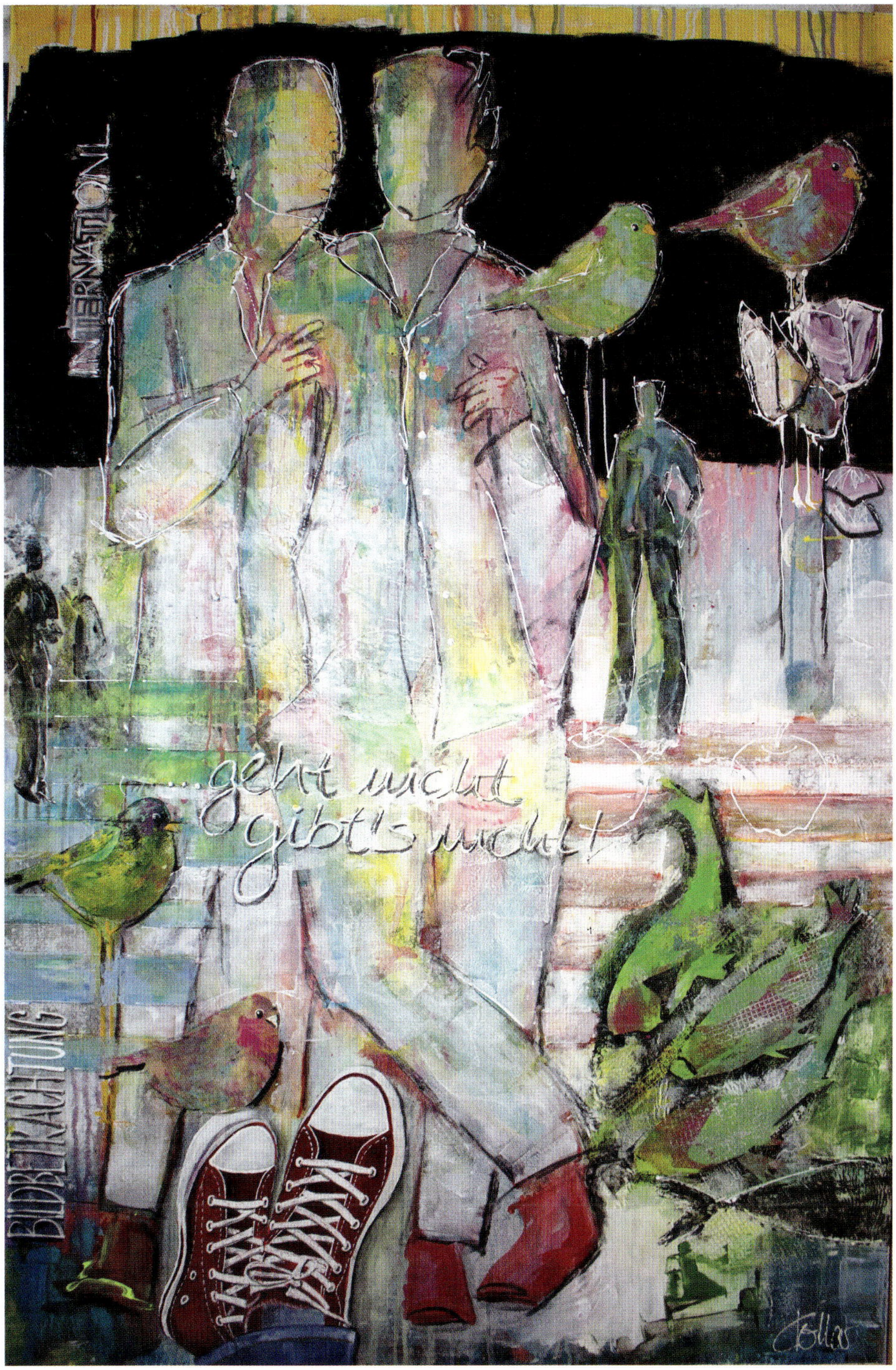

Und weil es so im Atelier rumstand, hat es sich zwischen weiter verändert.
Gut so!

Bildbeispiele

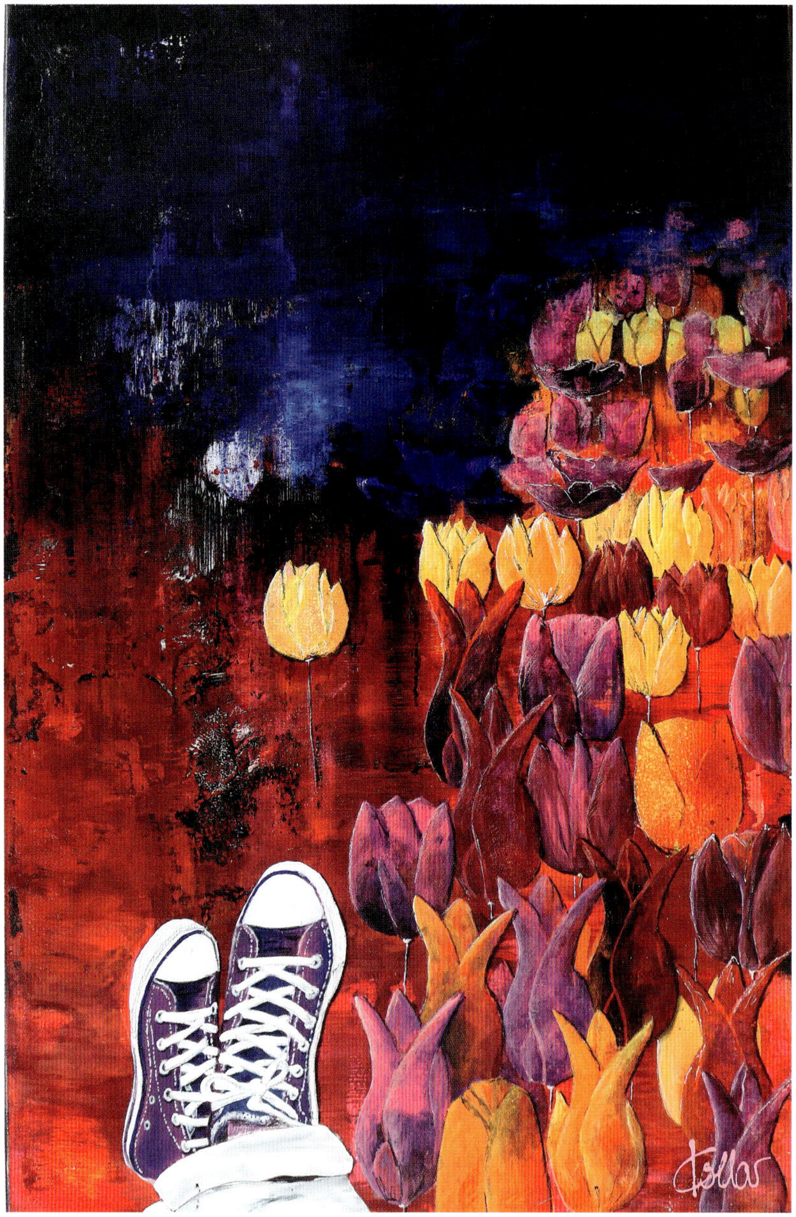

Ilse im Tulpenfeld
Ilse im Tulpenfeld
80 x 120 cm
MachART
Hintergrund und Turnschuhe: Acryl
Tulpenfeld: Schablonenabdrucke mit Acrylfarben

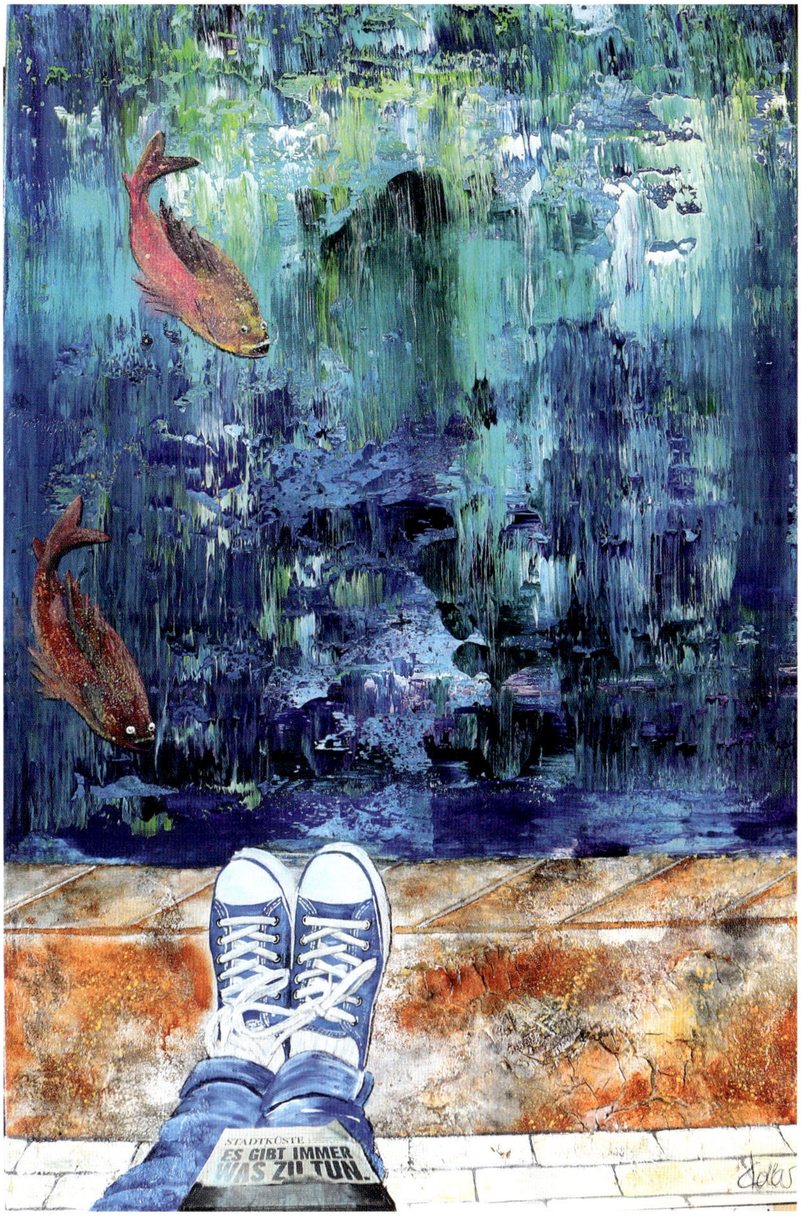

Ilse vor dem Aquarium
80 x 120 cm
MachART
Acryl gemalt: Turnschuhe, Fische, Fliesen
Mauerwerk: Marmormehl und Acryl
Blaue Fläche: Mit einer kantigen Regenrinne vertikal und horizontal die Acrylfarbe gerakelt

TIPP Anstelle eines großen Rakels benutze ich eine kantige Regenrinne aus Kunststoff, die ich mir auf verschiedene Längen zugesägt habe.

Ilse Aber, meine beste Malfreundin

Ilse gefallen alle Bilder ...

... sie hadert aber mit den eigenen.

Wie oft haben wir die Situation in den Kursen: Bilder am Nachbartisch sind einfach schöner.

Alle, die mich kennen wissen, dass ich gerne lobe, wenn ein Arbeitsschritt oder ein Bild gut gelungen ist. Das ist natürlich subjektiv und meine Meinung ist nicht maßgebend, aber oftmals sehen es die anderen Teilnehmer ebenso. Ansonsten mache ich auf Nachfrage Vorschläge. Bei uns darf jeder konstruktive Kritik äußern, aber es darf über kein Bild gespottet werden. Gut, ab und zu haben wir auch gemeinsam Spaß bei der Bildbesprechung, aber das ist dann ein humoristisches Gruppenerlebnis und es sind ja alle mit im Raum.

Wenn die Nachbarbilder als schöner empfunden werden, schlage ich einen Ringtausch vor. Und schon komisch, plötzlich werden dann doch liebenswerte Bereiche im eigenen Werk entdeckt.

Grundsätzlich muss jeder seinen Namen auf die Rückseite der Leinwand schreiben. Durch die fortgeschrittene »Mal-Demenz« einzelner Teilnehmer werden jede Woche erneut Bilder gesucht.
»Ines, meine Leinwand ist weg!«
»Aha, wie groß war die, welches Motiv und welche Farbe?«
»Ja, so abstrakt, viel rot und so, so 80 x 80 cm.«
Ich finde dann das Bild, dank der Signatur, 40 x 100 cm und eher blaustichig.
»Ach was, das ist mein Bild?«
»Ja, zum Glück steht dein Name drauf.«

Ilse hatte ein richtig gutes Bild gemalt.
»Du, das ist gut geworden, geht doch!«
»Ja meinst Du wirklich?«
»Nee ist klar Ilse, ich sag das nur so!«
»Ja, aber ich habe da nur ein paar Abende dran gemalt. Und fehlt hier in der Fläche nicht noch was?«
»Ilse, wir dekorieren keine Torte, es müssen nicht überall Kirschen verteilt werden. Die freie Fläche tut dem Bild richtig gut.«
»Aber eigentlich sind das gar nicht so meine Farben. Findest du das wirklich gut und ist es fertig?«
»Ilse, nun freu' dich doch einfach mal über das gute Bild.«
»Naja, wenn Du meinst, ich stell das Bild zuhause aber erstmal hin und schaue es nochmal in Ruhe an, ich weiß noch nicht ...«

Ilse findet, trotz eigener guter Ergebnisse, die Kursnachbarn grundsätzlich talentierter.
»Aber Ines, nur damit du es weißt, ich bin ja gerne in meiner Malgruppe und bei dir, die Leute sind so nett und ich male halt nur so zur Entspannung, so ohne großen Anspruch. Ich habe ja einen guten Job und muss ja nicht davon leben. Allerdings stapeln sich inzwischen ja auch die Bilder und bei der nächsten Ateliergemeinschaftsausstellung würde ich ja gerne mitmachen, falls du meine Bilder dafür überhaupt gut genug findest und Robert hat auch schon zwei meiner Bilder im Haus aufgehängt, das eine finde ich gar nicht so gut, aber die Kinder mögen es auch leiden ...«
»Ilse, Ilse, nun atmen wir erstmal in die Tüte.«

Eine Woche später kommt Ilse zum Kurs. An der Wand hängt ein Bild.
»Oh, das ist ja klasse! Das würde ich mir sofort hinhängen, sind genau meine Farben. Wer hat das denn gemalt, das finde ich ja richtig toll ...«
»Ilse, das ist Dein Bild!«
»Nee!«
»Doch!«

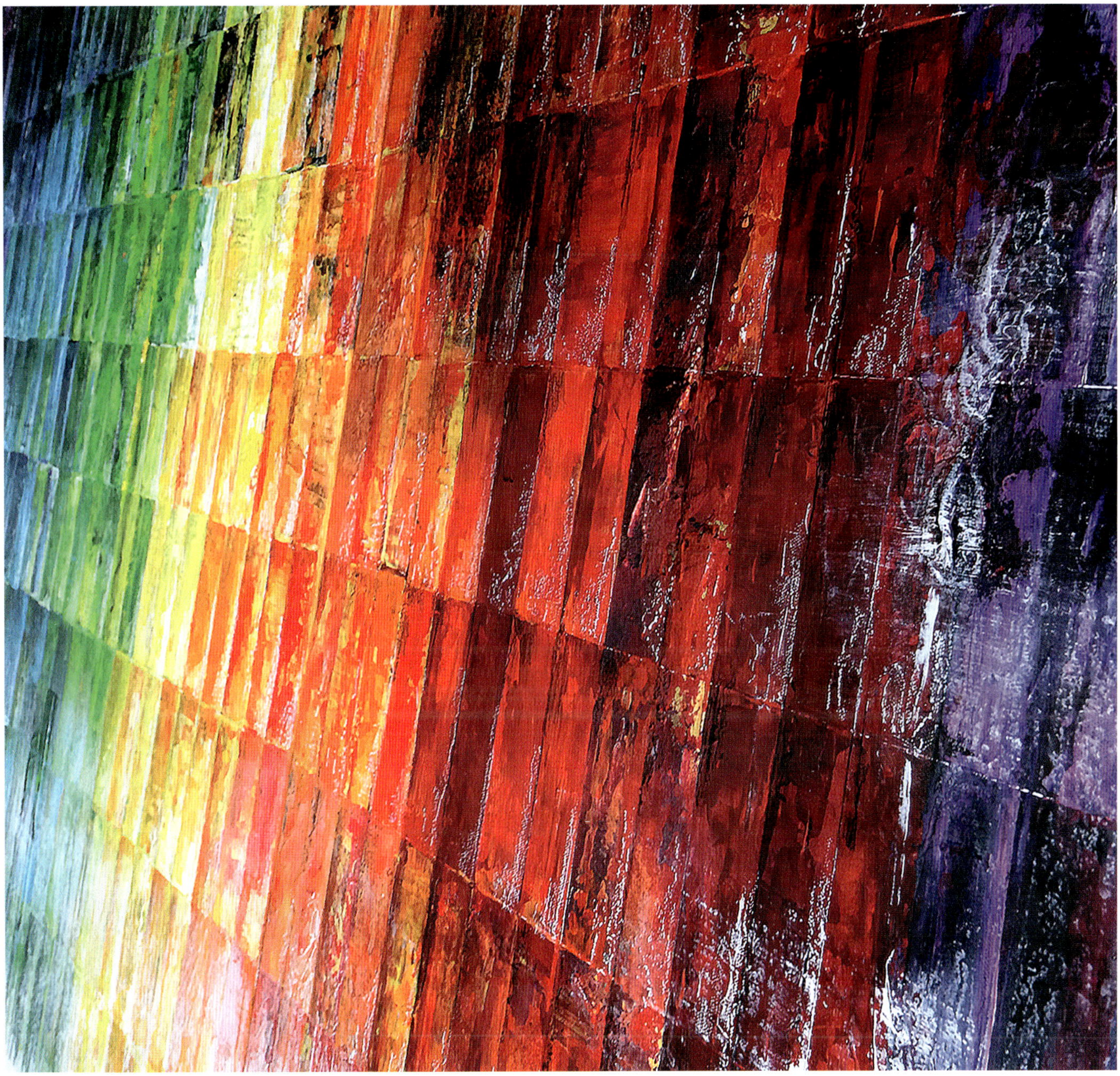

Fünfhundertvierzig
270 x 120 cm
Detail
Acryl auf Leinwand

Weitere Strukturen

Seidenpapier

Einen weiteren Aufbau mit kleinen Unebenheiten erreiche ich durch Seidenpapier:

1 Papier auf der Rückseite mit Binder einstreichen, umdrehen und idealerweise mit einem Gummispachtel auf dem Bildträger anlegen.
2 Luftblasen entfernen.
3 Auf der Oberfläche ebenfalls Binder sehr dünn verstreichen.

Seidenpapier nicht knüllen, kleine Unebenheiten und Falten stehen lassen, das reicht völlig aus.

TIPP **Seidenpapier nutze ich aus Verpackungen. Einige Papiere sind dünn auf einer Seite laminiert. Der Kleber kann dadurch nicht eindringen. Also immer von beiden Seiten einstreichen. Luftblasen ausstreichen, diese haben keine Haftung zum Untergrund und stören im weiteren Arbeitsprozess.**

Gele

Der Kunsthandel hält viele verschiedene Gele und gelartige Pasten bereit. Du musst selbst entscheiden, ob diese für dich sinnvoll sind.

Hier ein paar Beispiele:

Acryl Struktur-Gel Matt ist ein transparentes Gel von pastoser Konsistenz, das zu einem leicht milchigen, matten Film auftrocknet. Pur verwendet können starke Strukturen mit hohen Schichtdicken gestaltet werden. Besonders mit lasierenden Farbtönen werden interessante Transparent-Effekte mit matter Oberfläche erzielt. In Mischungen mit Acrylfarben wird die Konsistenz gesteigert, die Oberfläche der Acrylfarbe wird matter.

String Gel ist ein Anti-Abriss-Gel, ein selbst nivellierendes Medium von honigartiger Konsistenz.
Durch langsames Gießen erhält man mit dem Anti-Abriss-Gel eine lange, konstant fließende Gelschnur. Mit dem Pinsel aufgetragen entstehen lange streifige Effekte. String-Gel verstärkt die Farbtiefe und Transparenz von Acrylfarben und verbessert den Farbfluss.

Impasto-Gel glänzend ermöglicht eine sparsame Verwendung von Farbe auf großen Flächen. Das Gel ist glänzend, behält den beabsichtigten Strich des Pinsels oder Messers bei und erzeugt beim Trocknen eine glänzende Oberfläche. Trockenzeiten werden verlangsamt und es kann ein Tag oder länger dauern, bis sich der volle Glanz entwickelt hat. Zur Verbesserung der Grundierung auf biegsamen Oberflächen wie zum Beispiel auf gespannten Leinen, wird das Impasto-Gel im Verhältnis von bis zu 1:1 mit Strukturpaste gemischt.

Außerdem gibt es noch Gele, die Materialien wie Fasern, Kügelchen, Lava und so weiter enthalten.

Retarder Gel Medium verlangsamt die Trocknung der Acrylfarbe und hält die Farbe offen und klar. Zum Transfer eignen sich Motive aus Zeitungen, Zeitschriften oder mit einem Laserdrucker erstellte Digitalfotos oder Kopien.

Außerdem gibt es noch Gele, die Materialien wie Fasern, Kügelchen, Lava und so weiter enthalten.

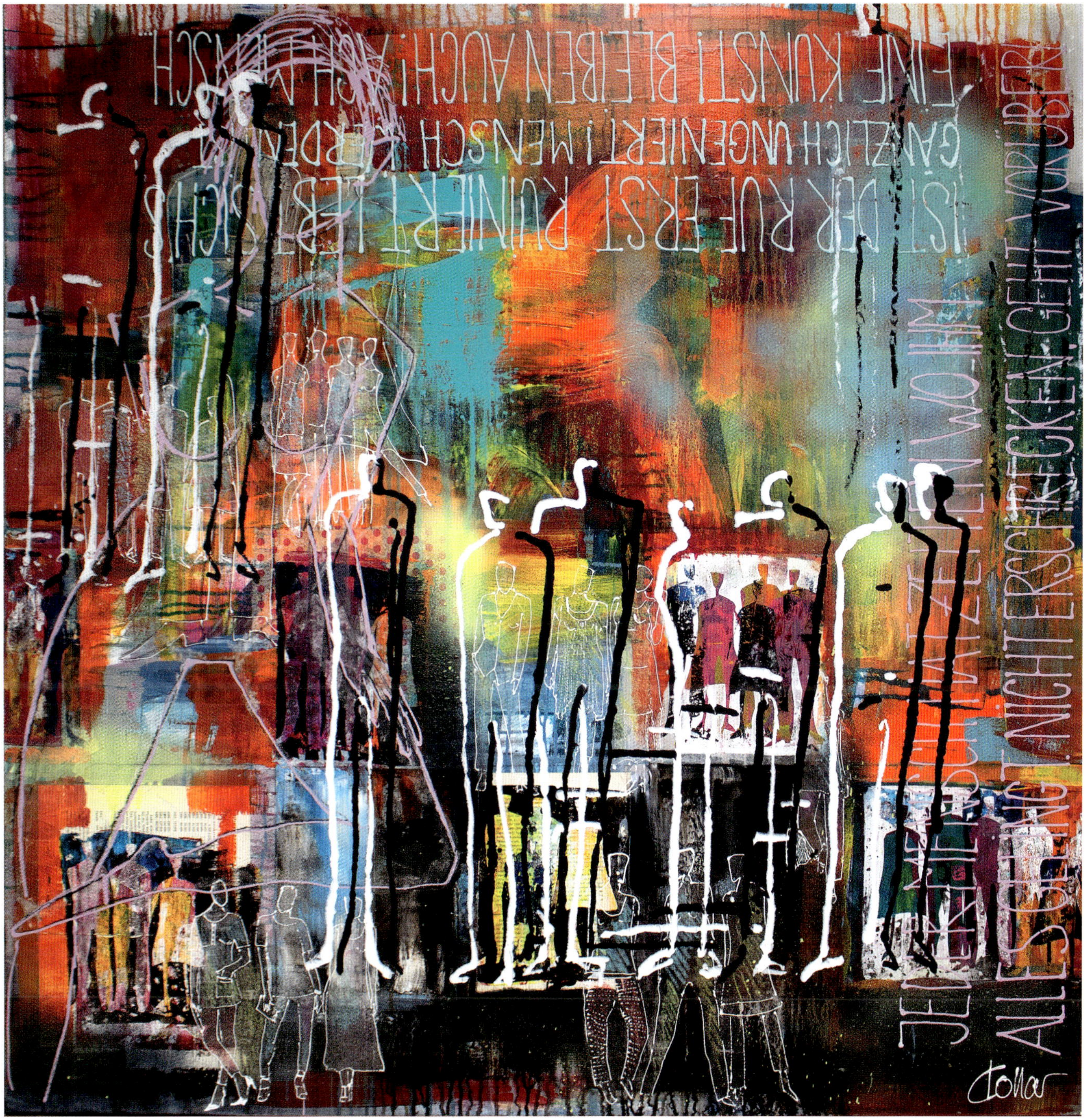

Menschenskinder
120 x 120 cm
MachART
Acryl, Farbverläufe, Zeichnung, Spachtelmasse, Monotypie, Abdrücke, Collagen, Schablonen. Strukturierter und farbiger Untergrund aus Spachtelmassen, Seidenpapier, Acrylfarben und Farbverläufe. Die Figuren sind gemalt und gezeichnet, abgedruckt auf Buchseiten, China- oder Zeitungspapier, Monotypien und mit Folie aufgedruckt. Die Schrift wurde per Hand mit der Füllflasche aufgetragen.

Transfertechnik

Zum Transfer eignen sich Motive aus Zeitungen, Zeitschriften oder mit einem Laserdrucker erstellte Digitalfotos oder Kopien.

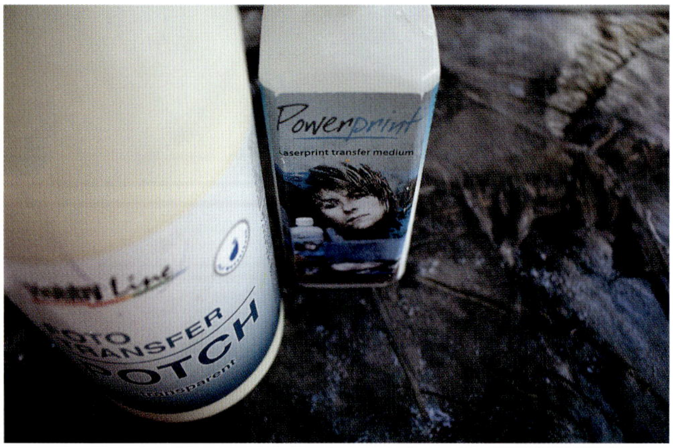

Bestreiche die bedruckte Bildseite sowie den Untergrund mit dem Foto-Transfer-Mittel. Du solltest zügig arbeiten! Die bestrichene Bildseite nach unten auf die eingestrichene Fläche legen. Gleichmäßig, am besten von der Mitte aus, glatt und ohne Luftblasen mit einem Lappen, Spachtel oder einer Gummirolle andrücken. Überschüssiges Transfermittel sofort mit einem trockenen Tuch entfernen.

Zehn Minuten auf höchster Stufe trocken föhnen und auskühlen lassen. Ich föhne ungern und lasse daher das Bild einen Tag liegen. Das Ergebnis ist gleich.

Das ausgekühlte Papier mit einem Wassersprüher befeuchten. Die Papierschicht mit den Fingern oder mit einem Schwamm wegreiben. Übrig bleiben die im Transfermittel eingebetteten, wasserfesten Farbpigmente. Die Flächen sind übermalbar.

TIPP Ausdrucke aus dem Tintenstrahldrucker verlaufen. Gesichter oder Texte müssen gespiegelt kopiert werden. Kaum ein Gesicht ist symmetrisch. Wir sind deshalb oft so kritisch mit unseren Porträtfotos, weil uns nur unser Spiegelbild vertraut ist.

Nur zur Probe

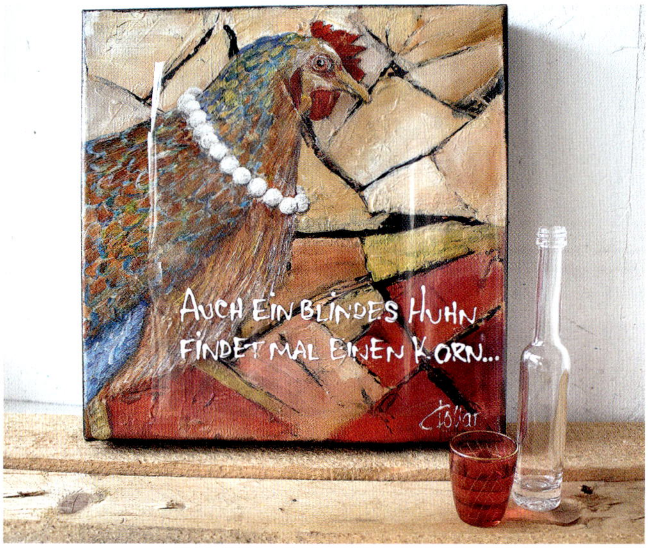

Perlhuhn unter einer Folie

Wenn du dich nicht traust, Linien, Farbenflächen oder Schrift direkt auf das Bild zu setzen, hilft zwischenzeitlich eine Folie. Hier kannst du gut die Umverpackung der Leinwand verwenden.

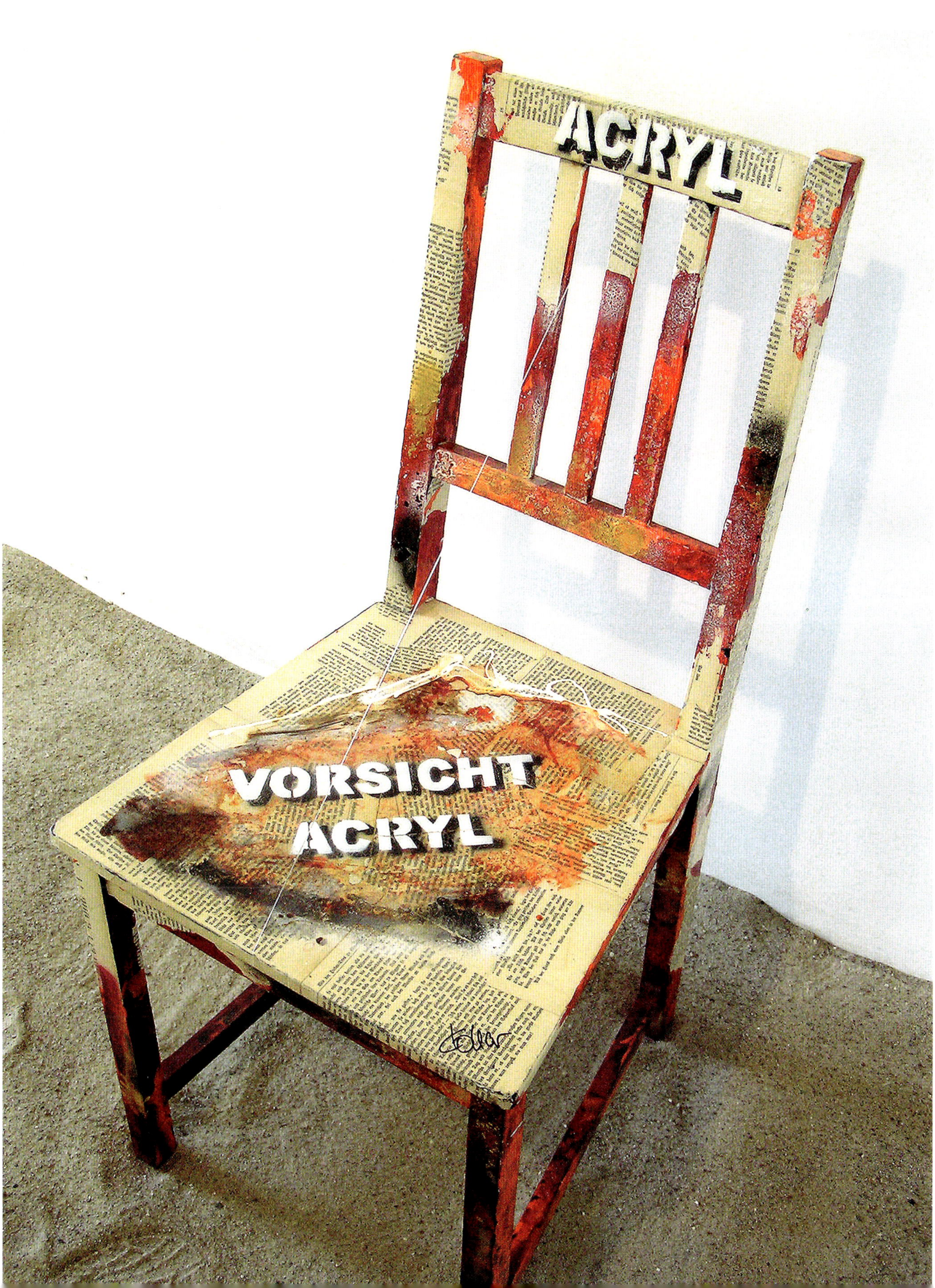
ACRYL
VORSICHT
ACRYL

Monotypie

Das benötigst du dafür:
- eine neue, noch eingepackte Leinwand oder eine Folie oder Glasplatte. Eine flexible beziehungsweise weiche Unterlage ist besser geeignet.
- Wenzhou Chinapapier, 30 g/m², in der Papprolle
- Acrylfarbe
- Gummispachtel oder Spachtel
- Wassersprüher, der sehr feinen Nebel sprüht

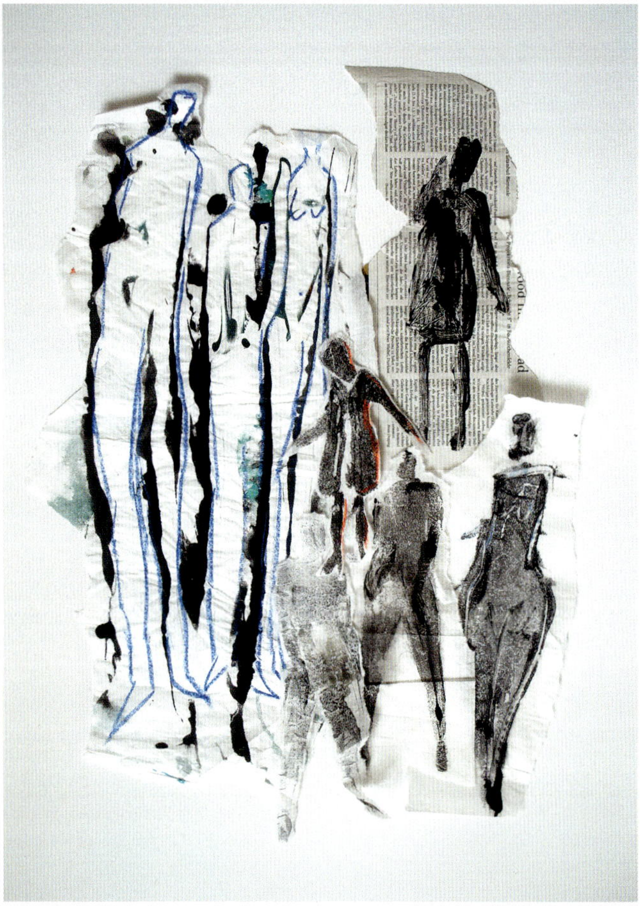

Als Druckmedium eignen sich auch Zeitungspapiere oder alte Buchseiten

Simple Monotypie

Acrylfarbe, auch mehrfarbig ist möglich, mit dem Gummispachtel, einer Gummiwalze oder dem Metallspachtel (Tortenmesser) sehr dünnflächig auftragen.
Mit einem kleineren Spachtel oder Hölzchen Farbflächen freischieben.
Einen feinen Wassernebel übersprühen.

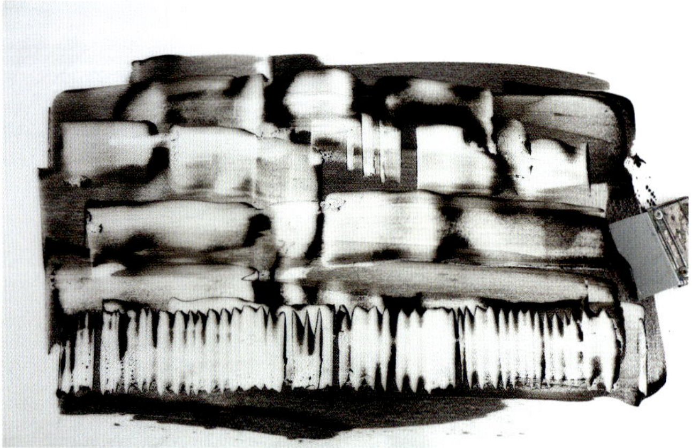

Acrylfarbe dünn auftragen und Flächen freistellen.

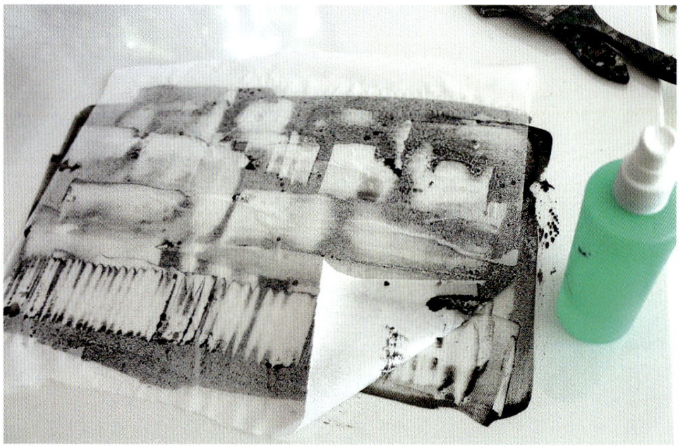

Acrylfarbe auftragen, dann mit Sprühnebel befeuchten und auf die glatte Seite des Chinapapiers drucken.

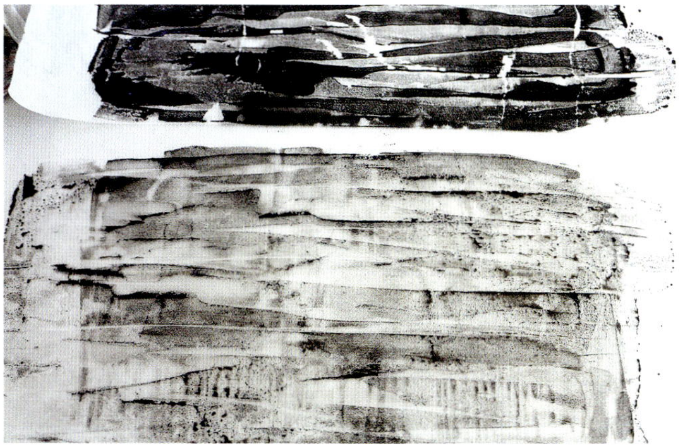

Abziehen ...

Das Chinapapier wird beim Aufkleben auf das Bild fast transparent. Ein Abdruck gelingt auch auf Zeitung oder Buchseiten, ist dann allerdings nicht durchsichtig.
Ein weiterer Vorteil: Ich habe meinen Abdruck separat und kann die Fläche probeweise anpassen.

Chinapapier »Wenzhou«
... ist vielseitig einsetzbar und hat sowohl eine glatte als auch eine raue Seite. Die Herstellung erfolgt maschinell aus Maulbeerrinde und besteht aus kleinen Fasern. Die Seiten oder benötigten Stücke sollten nicht geschnitten, sondern ausgerissen sein. Das Papier schmiegt sich dann besser an und es sind keine scharfen Kanten zu sehen.

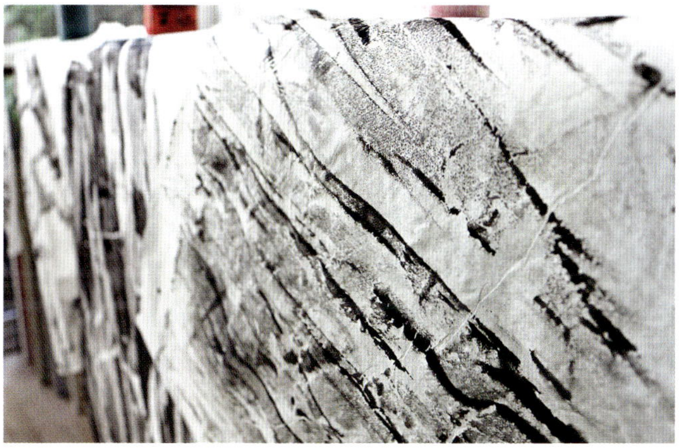

... und zum Trocknen aufhängen

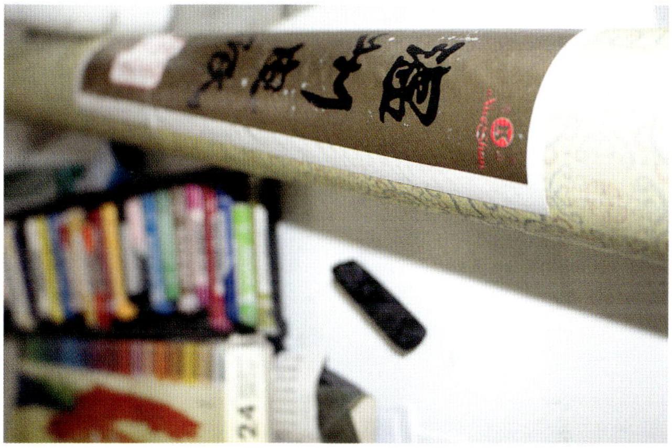

Chinapapier Wenzhou, 30 g/m²

Anschließend auf dem Chinapapier, auf der glatten Seite, einen Abdruck nehmen. Das geht natürlich nur, solange die Farbe noch feucht ist, also zügig arbeiten.
Es reicht, wenn du mit der Hand über die Rückseite des Papiers hin und her streichst und so die Farbe abdruckst. Das Papier abziehen und zum Trocknen luftig aufhängen, entweder seitlich an der Arbeitsfläche, der Staffelei oder einem zweckentfremdeten Wäscheständer.
»Monotypie« bedeutet eigentlich »ein einziger Abdruck«. Oftmals finde ich den zweiten Druck des Motivs jedoch spannender. Dieser ist noch zarter und die Flächen haben eine Leichtigkeit, die ich so auf meiner Leinwand nicht hinbekomme.

TIPP **Die Rückseite zum Aufkleben mit Binder einstreichen, auflegen und auf der Vorderseite mit einem Gummispachtel (und etwas Binder, dann rutscht es besser) glatt streichen, bei größeren Stücken von der Mitte aus. Anschließend noch einen Wassernebel auf die Monotypie sprühen. Das macht das Papier noch durchsichtiger. Eine weitere, farbige Überarbeitung ist nicht ausgeschlossen.**

Gesteuerte Monotypie

Für ein Hafenmotiv habe ich mir Gebäude vorskizziert, unter die Folie geschoben und Farbe in den entsprechenden Flächen aufgetragen. Einzelne Striche habe ich mit der Füllflasche auftragen.

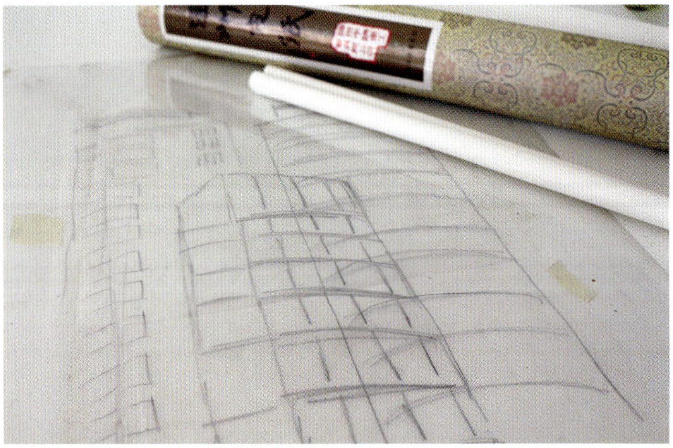

Vorskizziertes Motiv

TIPP **Warum sollte ich auf die glatte Seite drucken? Die raue Seite eignet sich besser zum Aufkleben, da diese eher aufribbelt und beim mehrmaligen Überstreichen kleine Faserknötchen bildet. Die glatte Seite ist da ein wenig unempfindlicher und wird auch transparenter.**

Acrylfarbe und Linien auf der Folie

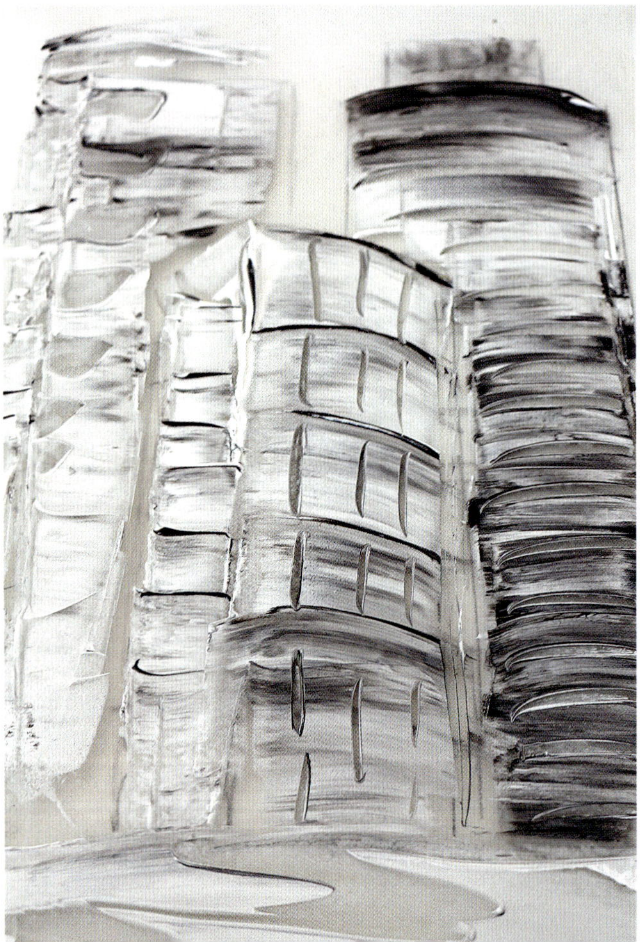

Abgedruckt auf das Chinapapier

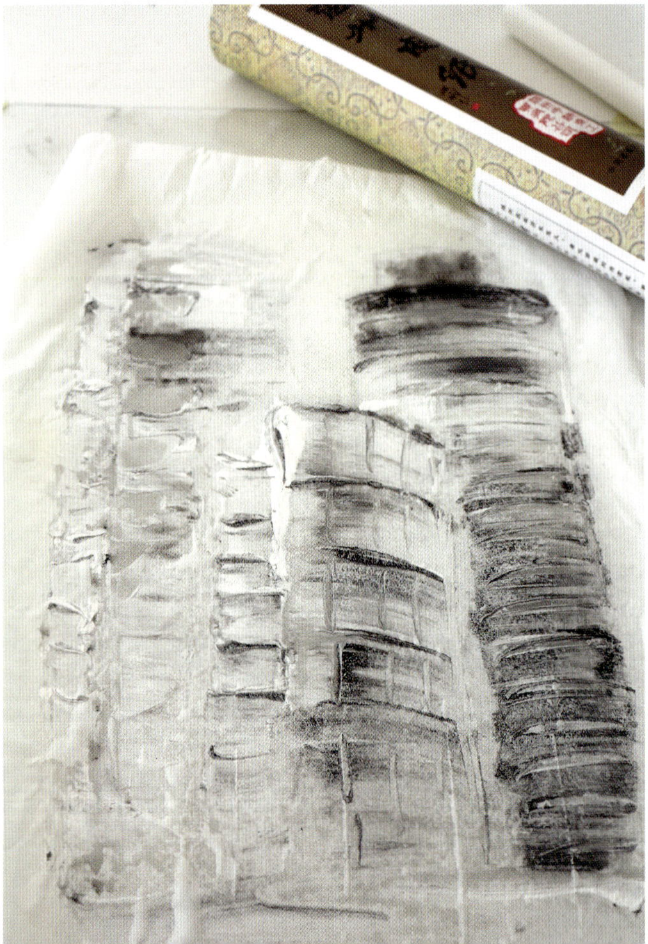

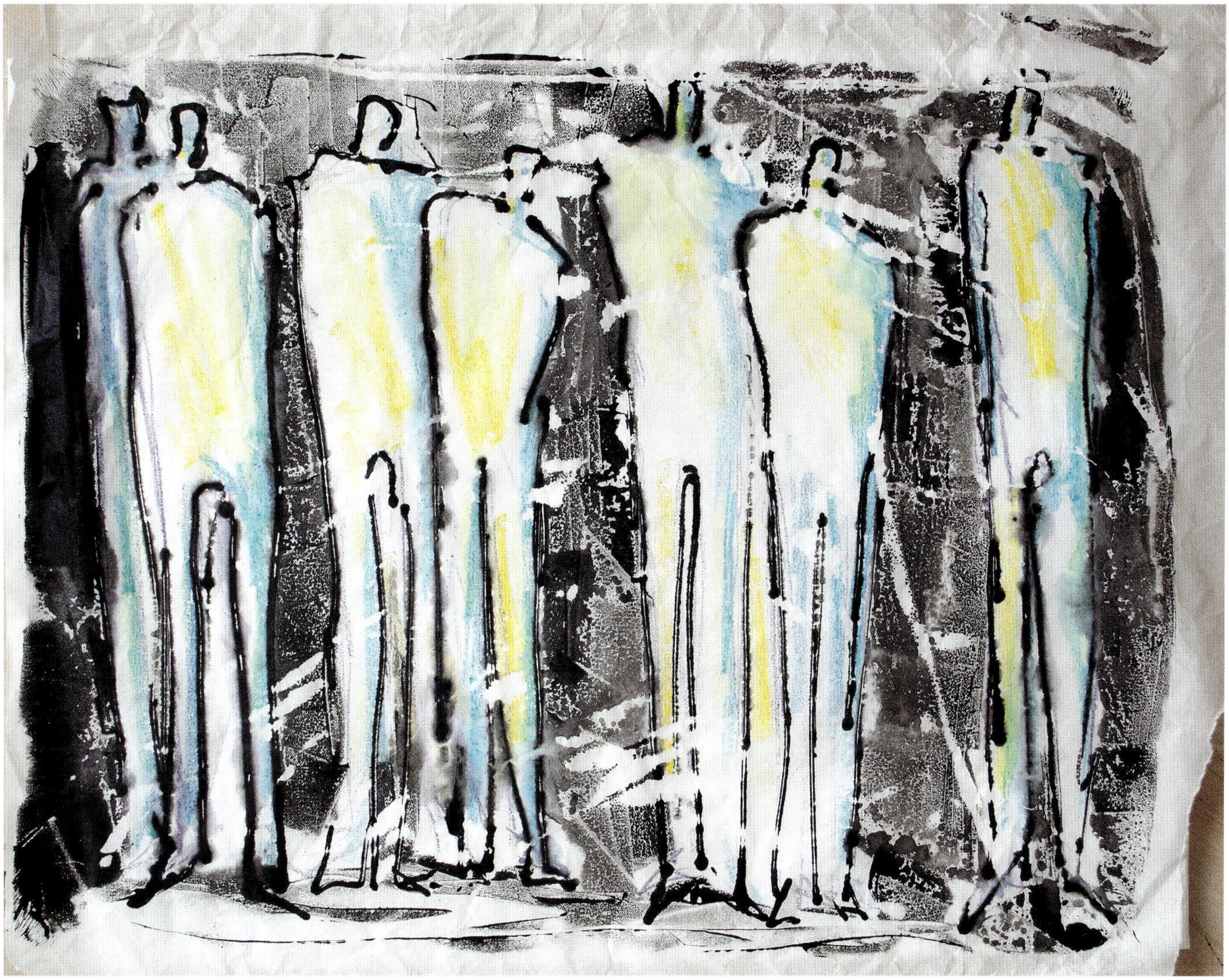

Farbe auf einer Folie dünn flächig auftragen, die Figuren mit einem Gummispachtel freischieben. Umgehend mit der Füllflasche die Umrandungen ziehen und auf Chinapapier, wie beschrieben, abdrucken.

Folienabdruck

Figuren unter Druck

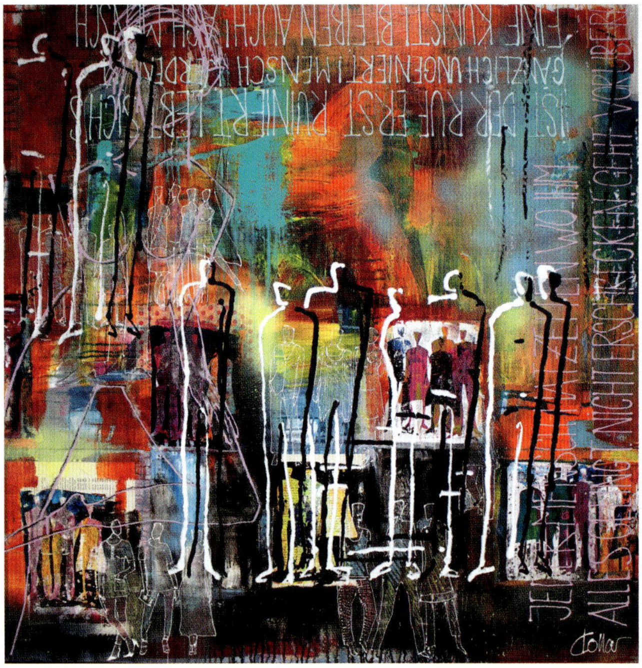

Menschenskinder
120 x 120 cm
MachART
Acryl, Farbverläufe, Zeichnung, Spachtelmasse, Monotypie, Abdrücke, Collagen, Schablonen.
Strukturierter und farbiger Untergrund aus Spachtelmassen, Seidenpapier, Acrylfarben und Farbverläufe.
Die Figuren sind gemalt und gezeichnet, abgedruckt auf Buchseiten, China- oder Zeitungspapier, Monotypien und mit Folie aufgedruckt. Die Schrift wurde per Hand mit der Füllflasche aufgetragen.

Für die schwarz-weißen Figuren habe ich Linien mit Füllflaschen auf eine Folie gezeichnet und anschließend direkt auf den Bildträger gedruckt.

**TIPP Experimentier mutig mit den unterschiedlichsten Materielien im abstrakten Bereich. Versuche kein fertiges Bild im Kopf zu haben.
Überlege nicht, was du machst, aber immer, wie du es machst!**

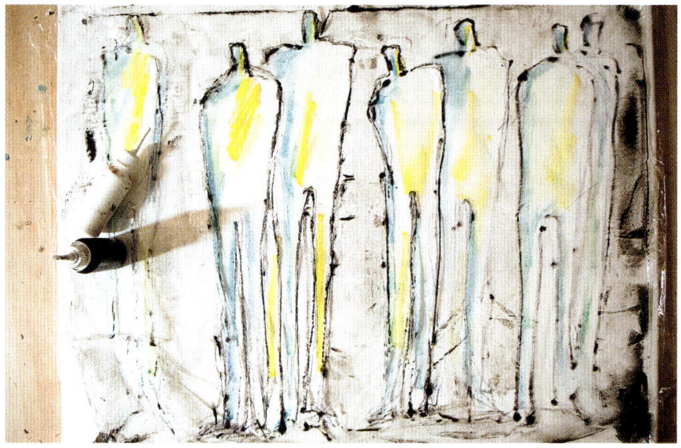

Linien mit den Füllfläschchen ziehen.

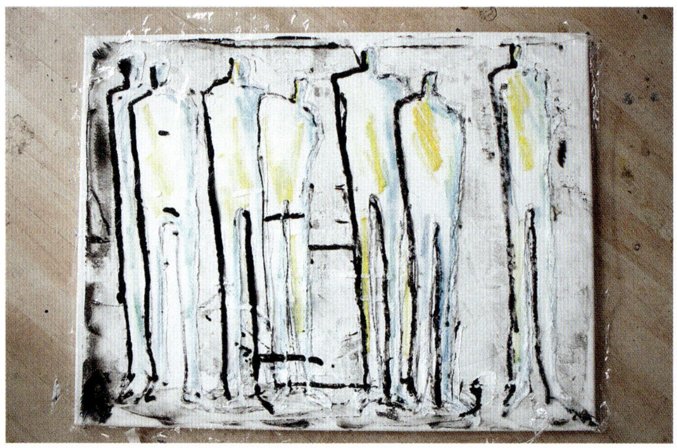

Farblinien auf die Leinwand drucken und die Folie wieder abziehen.

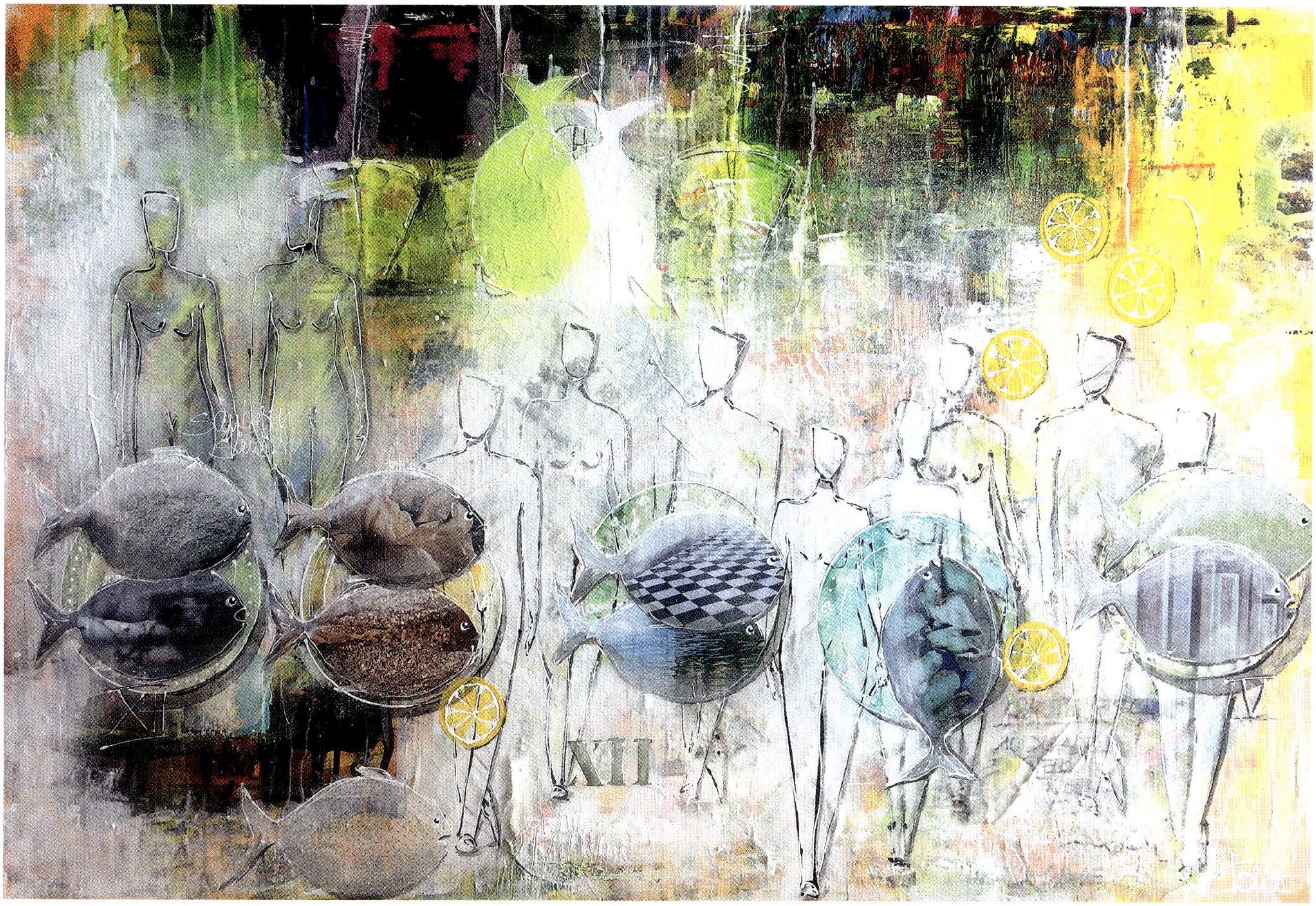

Dicht am Fisch
120 x 80 cm
MachART
Untergrund: Acryl, teilweise gerakelt
Figuren: Foliendruck, einige Fische sind in Form geschnittene Collagen.
Zitronen: gemalt

Schablonen selbst machen

Auf einem Blatt Papier skizzierst du eine Form. Es eignen sich geometrische Umrisse, Figuren, Tiere oder Blumen. Es gibt Motive, die benötigen einen sogenannten Abstandhalter. Beispielsweise ziehe ich Figuren eine Hose an oder Fische bekommen Kiemen.
Für Schriften eignet sich am problemlosesten, wie schon beschrieben, der Schrifttyp Stencil.

TIPP **Bevor es an das Ausschneiden geht, klebe ich Tesafilm auf das gesamte Motiv. Die Schablone wellt sich dann nicht und kann mehrfach verwendet werden.**

Was brauche ich dafür:

- Papier
- breites durchsichtiges Klebeband
- Cuttermesser
- Acrylfarben oder Spraydosen
- Gummirolle oder Schablonierpinsel oder Schwammtupfer

TIPP **Ich habe auch schon bei günstigen runden Pinseln aus dem Baumarkt die Borsten gekürzt. Die eignen sich prima zum Aufstupfen der Farbe.**

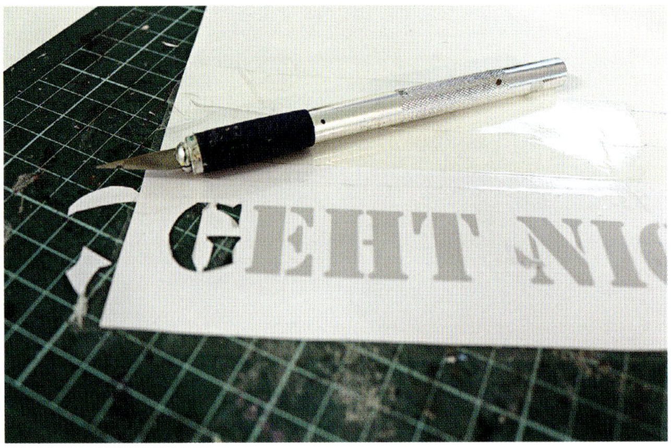

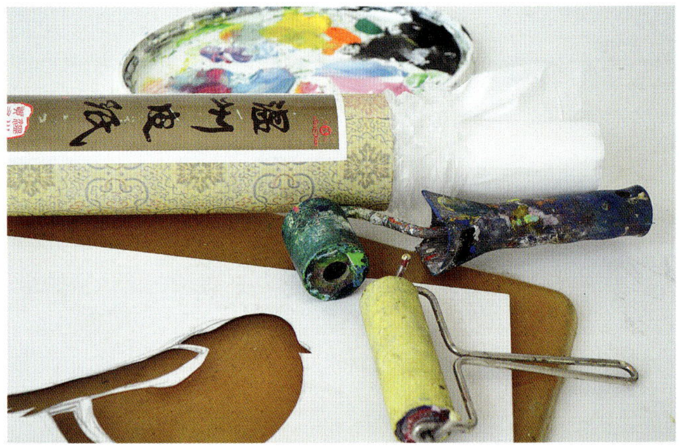

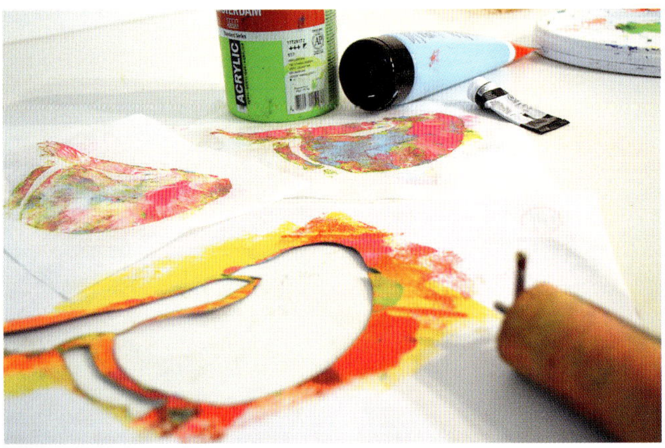

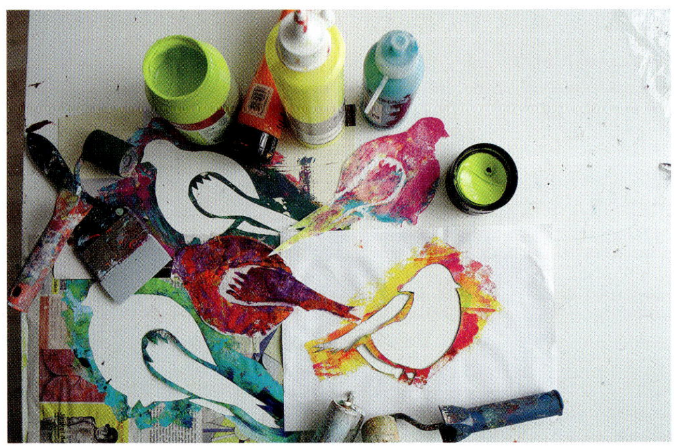

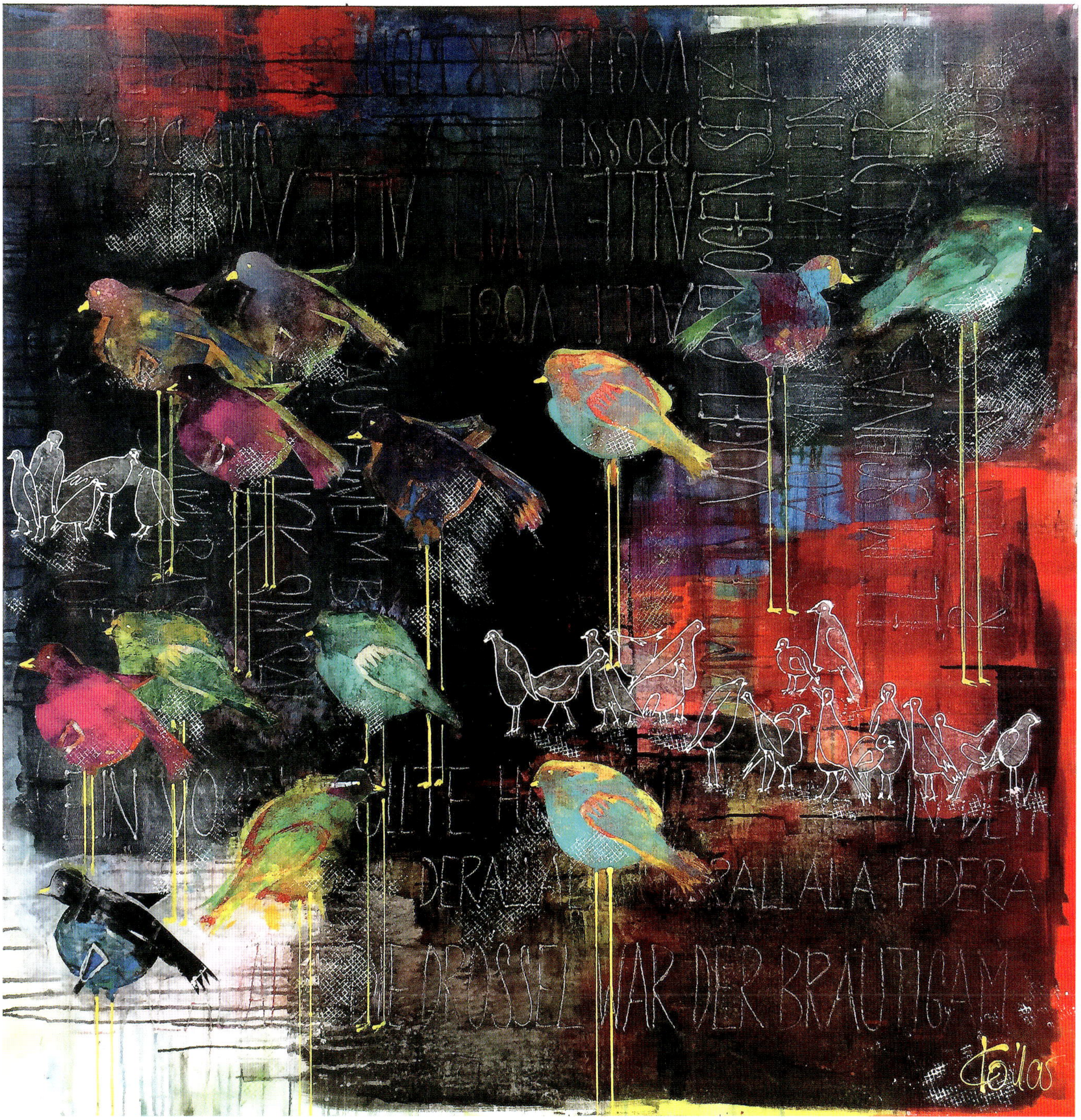

Kommt ein Vogel
120 x 120 cm, 2016
Acryl auf Leinwand
MachART
Untergrund: Spachtelmasse und Acrylfarbe
Schrift: Füllflaschen, mit der Hand geschrieben
Vögel: Schablonendrucke

Nun sind die Schablonen einsatzbereit!

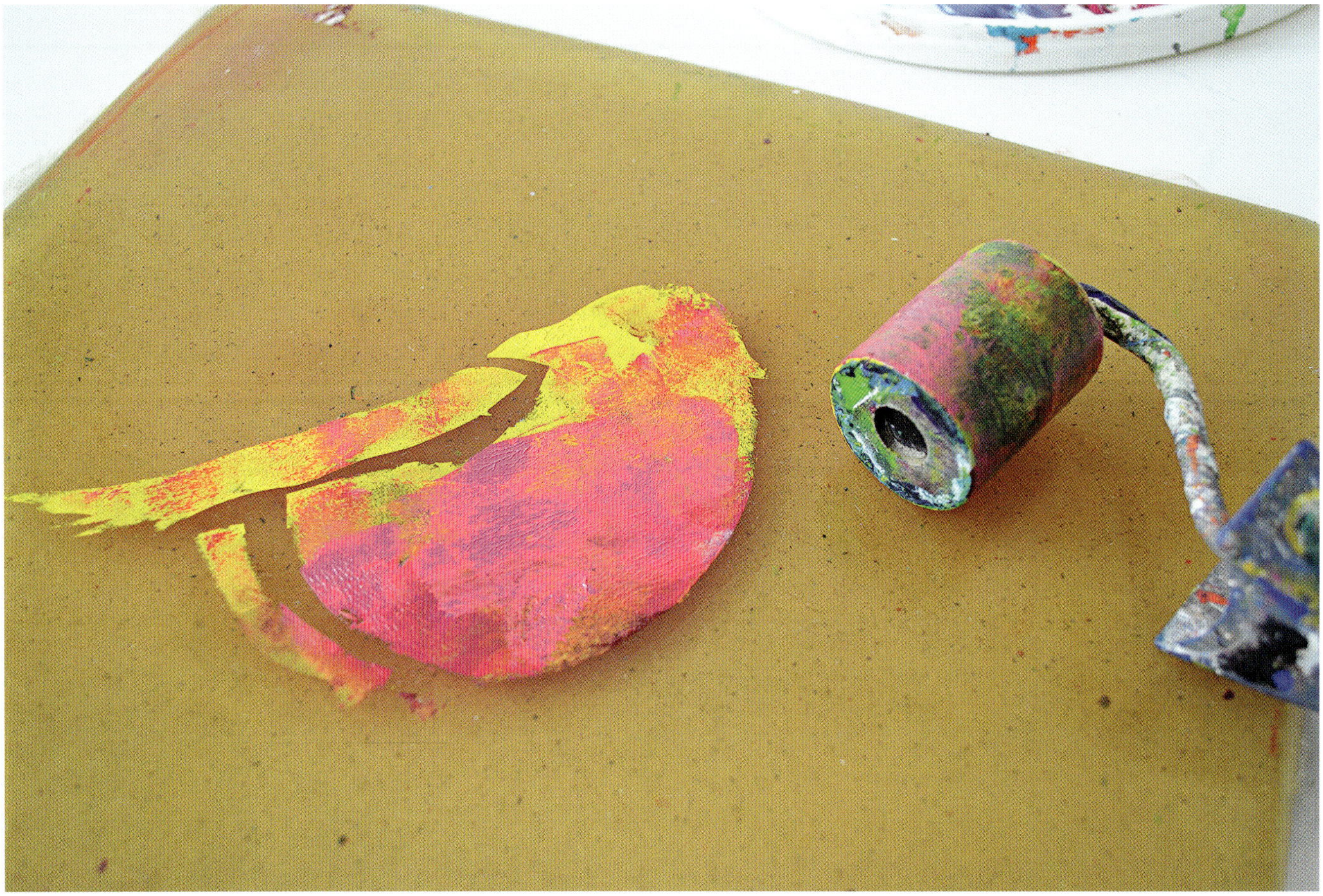

Hier habe ich als Unterlage eine selbst gemachte Gelatineplatte benutzt. Schablone auflegen, Acrylfarbe mit der Gummirolle dünn verteilen, Schablone abziehen. Die Farbfläche auf einen Bildträger drucken. Zum Trocken aufhängen.

TIPP Mehrfache Abnahmen oder mehrere Drucke bieten sich an; man kann ja nie genügend Vorräte haben. Beim Tupfen, mit wenig Farbe, das Arbeitsgerät gerade halten. Damit wird vermieden, dass etwas unter die Schablone gelangt.

Oder ich tupfe mit Schwamm oder Pinsel in unterschiedlichen Farben oder Farbschattierungen, auf China-, Zeitungs- und Schöpfpapier oder Buchseiten. Die Motive bringe ich dann wieder, nach dem gründlichen Durchtrocknen, mit Binder auf mein Original.

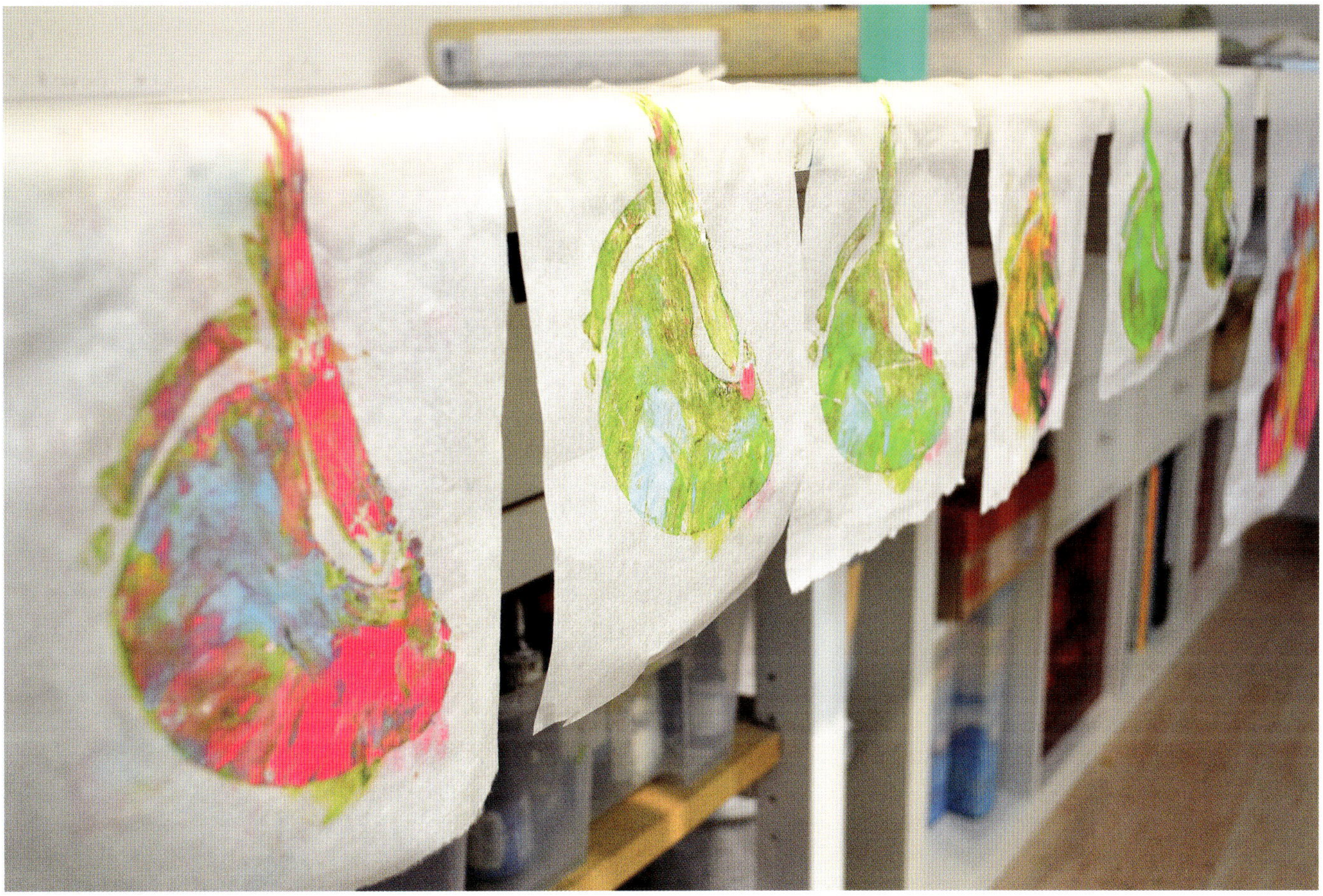

Vögel auf Chinapapier gedruckt und zum Trocknen luftig aufgehängt

Bildbeispiele

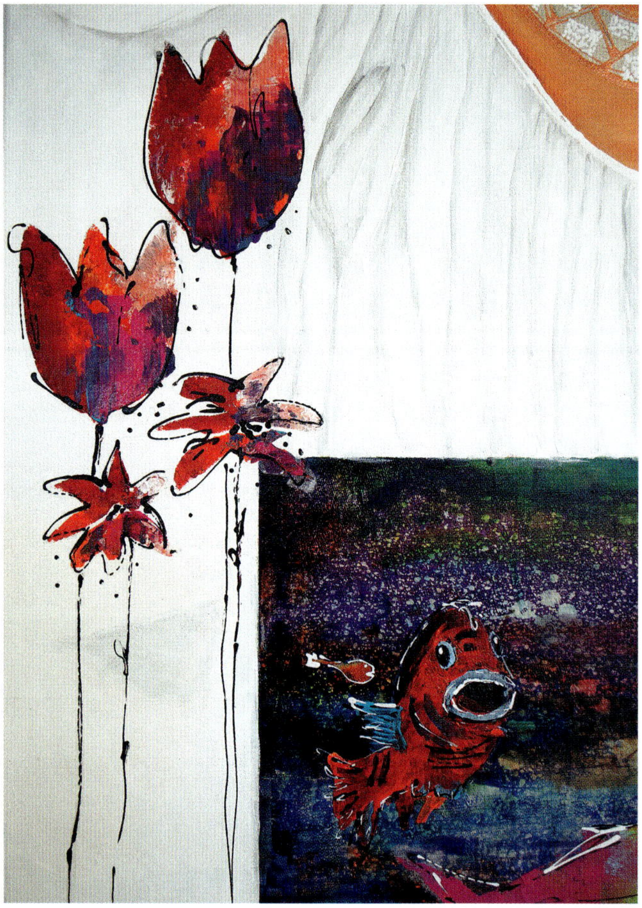

Detailausschnitt: Blumenschablone
Die Striche wurden mit der Füllflasche nachgezogen.

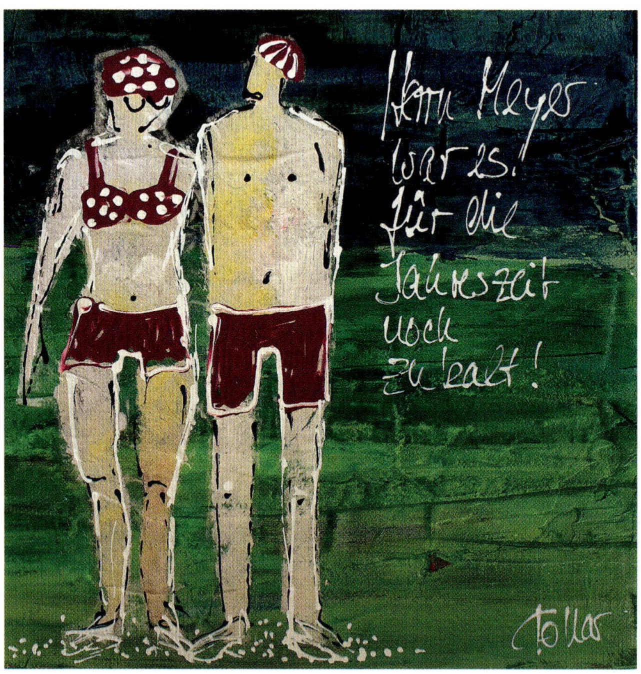

Herrn Meyer war es für die Jahreszeit noch zu kalt!
20 x 20 cm
MachART
Untergrund: Acrylfarbe
Fische und Figuren: Schablonendrucke auf Chinapapier
Linien: Acryl in Füllflaschen

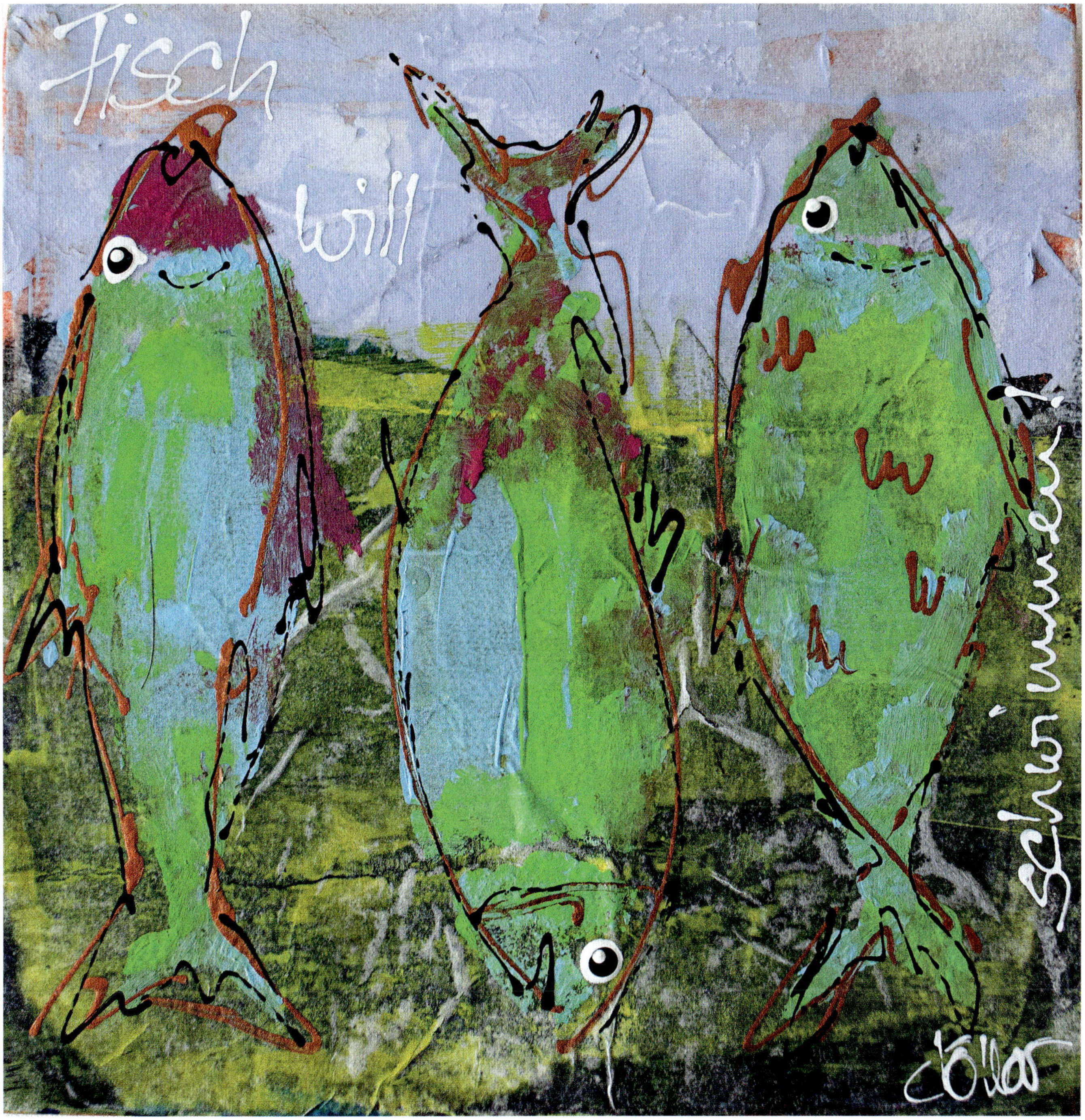

Das hatten wir anders geprobt!
20 x 20 cm
MachART
Acrylfarbe und eingefärbtes Papier
Fische: Schablonendrucke auf Chinapapier
Linien und Schrift mit der Füllflasche

Bilder mit Figuren

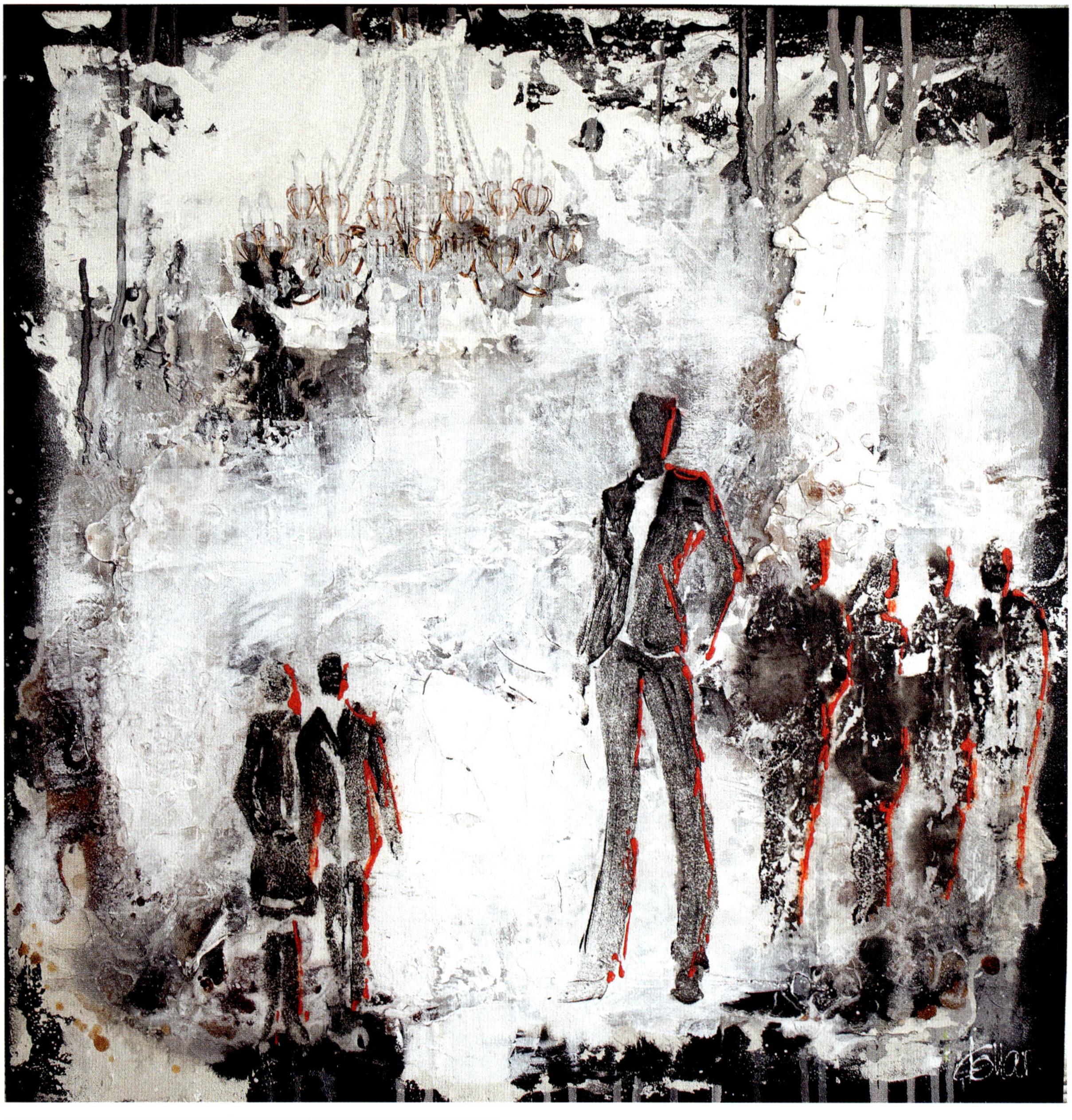

Kronleuchter
60 x 60 cm
MachART
Acrylfarbe, Spachtelmasse, Bims- und Marmormehl
Figuren: Monotypien, Linien mit der Füllflasche,
Kronleuchter: Collage

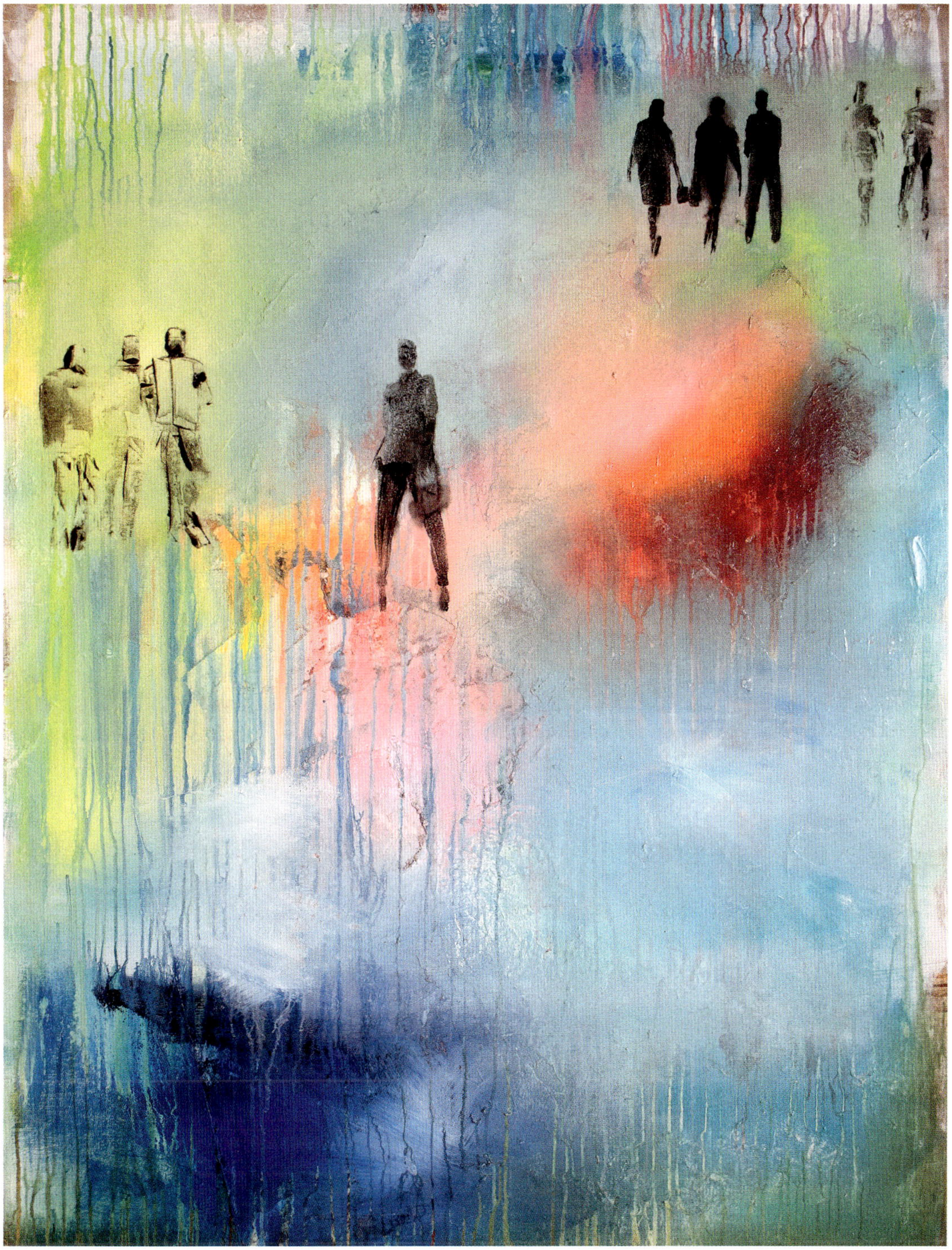

Gruppierung
100 x 140 cm
MachART
Spachtelmasse, Seidenpapier, Marmormehl
Im zweiten Arbeitsschritt wurde die gesamte Fläche farbig gestaltet und mit Farbverläufen versehen. Die obere Schicht wurde in verschiedenen Farben feucht in feucht mit dem »Schrubbpinsel« (einem breiten, kurzen Borstenpinsel) bemalt. Die Figuren sind Monotypien.

KOLLARieren

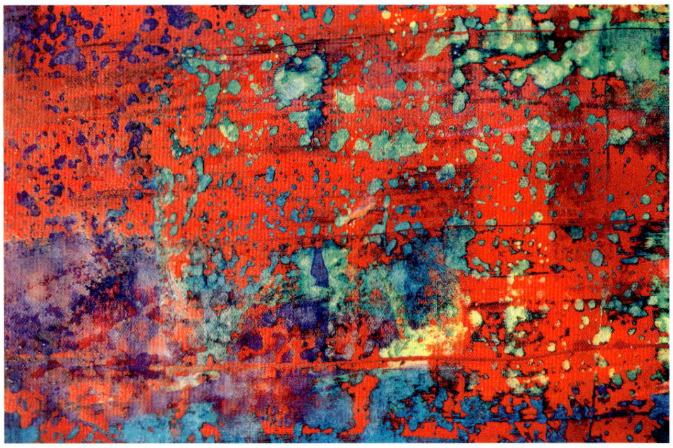

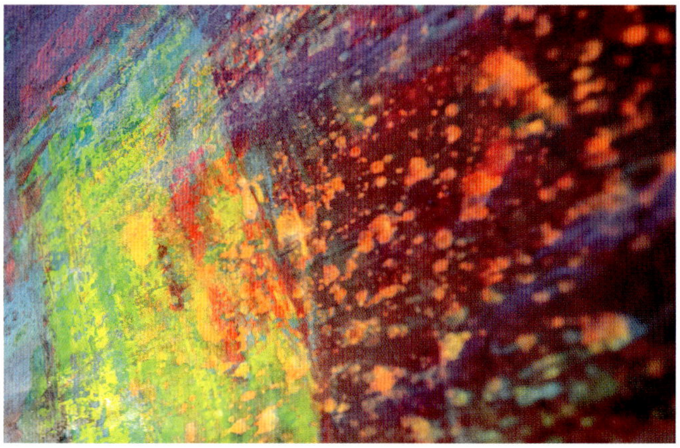

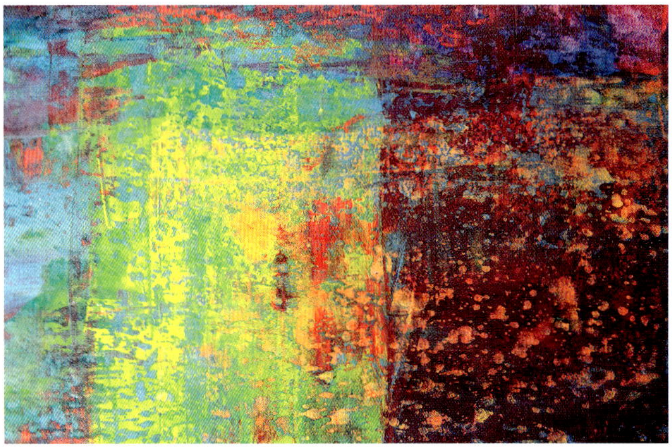

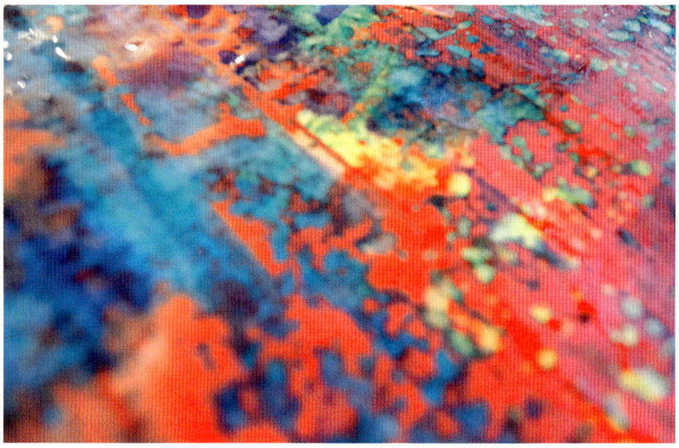

Musterstücke von KOLLARierungen

Chinapapier und der Zufall

Durch Zufall bin ich auf eine spannende Technik gekommen. Wir nennen sie mal KOLLARieren.
Einer meiner Teilnehmer hatte viele Farbreste auf seiner Palette.
Ein Stück dickeres Chinapapier (China-Skizzenpapierrolle, 40 g/m²) lag herum. Darauf habe ich die Acrylfarben abgestrichen, allerdings sehr dünn.

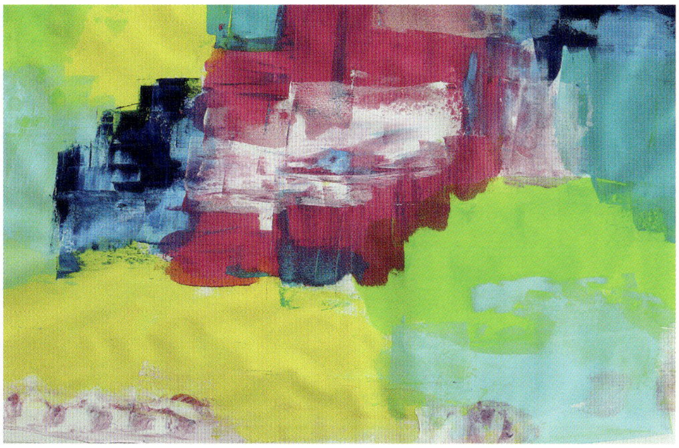

Am Gummispachtel waren noch weitere Farbreste. Diese Acrylfarben, als zweite Schicht auf den noch feuchten Untergrund aufgetragen, vermischten sich zu meinem Erstaunen nicht.

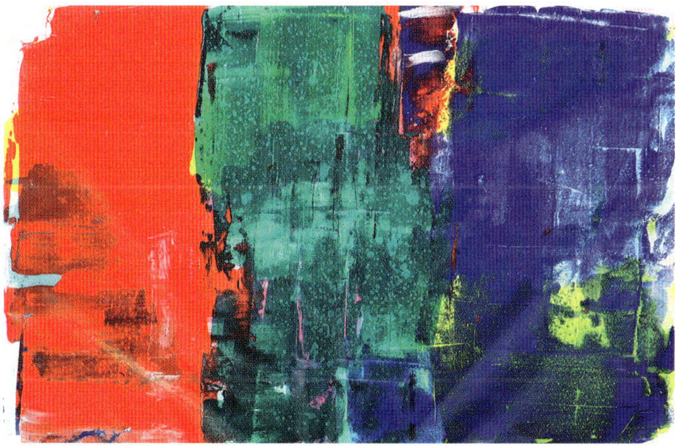

Damit wurde mein Experimentiereifer geweckt. Dann habe ich das Ganze mit großen Wassertropfen besprüht.

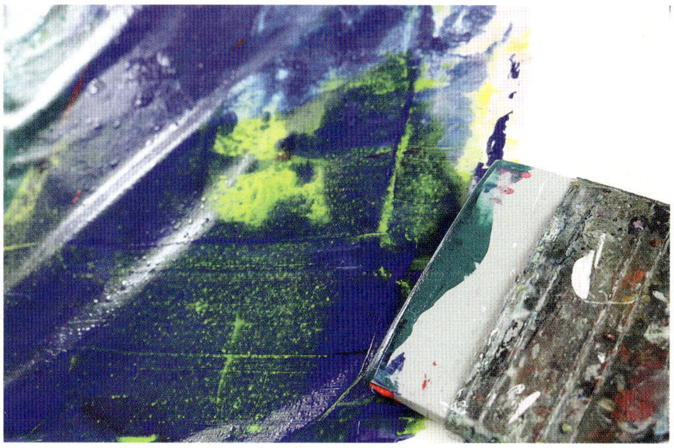

Nun heißt es abwarten. Die Pigmente unter den Wassertropfen sollen sich ein wenig lösen und der Rest kurz antrocknen. Immer wieder passiert der Fehler: Es wird zu früh abgezogen. In der Zwischenzeit kannst du dich nach dem Befinden deines Nachbarn erkundigen oder über das Wetter plauschen ...
Mit einem Gummispachtel die Fläche abziehen.
Bitte mit etwas Geduld und erst mal an einer Ecke ausprobieren.

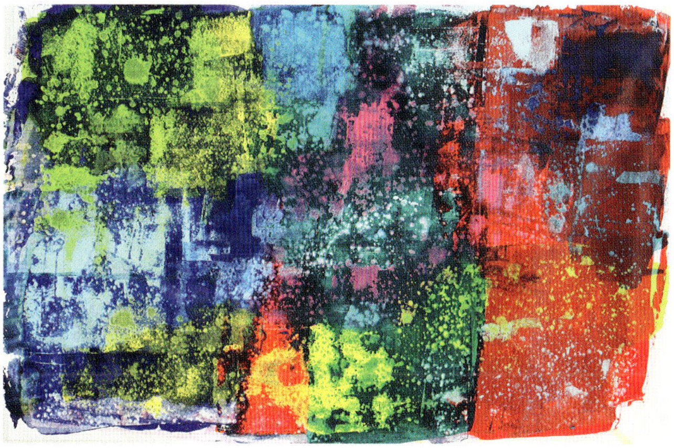

TIPP **Die sehr dünn ausgestrichenen, unterschiedlichen Farben im feuchten Zustand übereinander auftragen.**
Nach dem Besprühen: Geduld! Erst auf einer kleinen Fläche ausprobieren, ob sich schon »Punkte« oder gesprenkelte Flächen bilden.

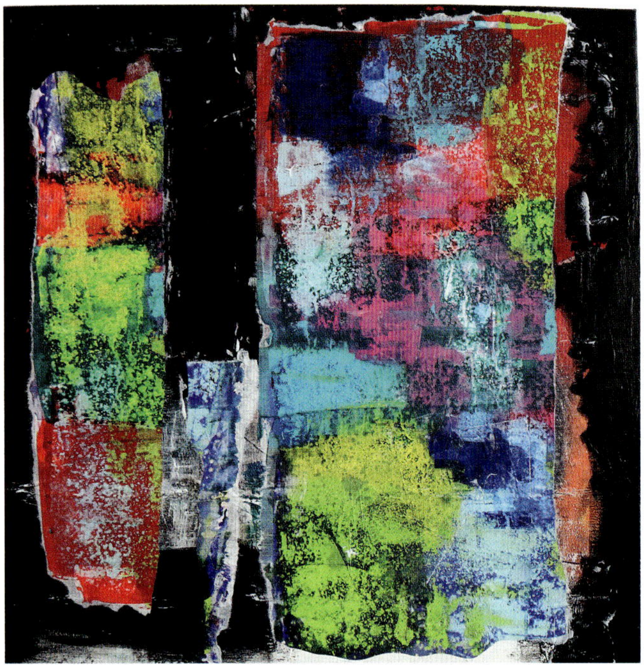

Auf einen farbig gestalteten Untergrund habe ich das »KOLLARierte«, gesprenkelte Chinapapier mit Binder aufgeklebt.

TIPP Das Chinapapier für lockere Flächen reißen. Dadurch sind die Ränder nicht sichtbar und schmiegen sich besser an. Erleichtert auch die weitere Verarbeitung oder Übermalung.

Polaritäten V
70 x 70 cm
MachART
Acryl und KOLLARiertes Chinapapier auf Leinwand
Figuren: Acryl, weiße Umrisse mit der Füllflasche gezogen

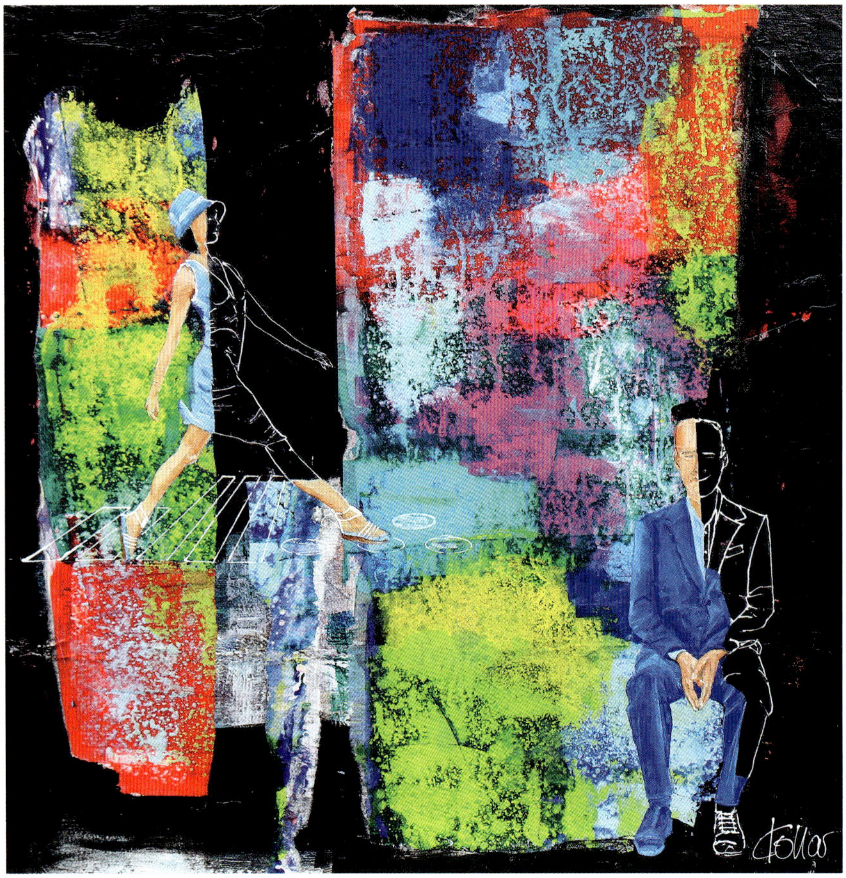

Im nächsten Schritt die Figuren und Formen vorskizzieren und »ausmalen«.

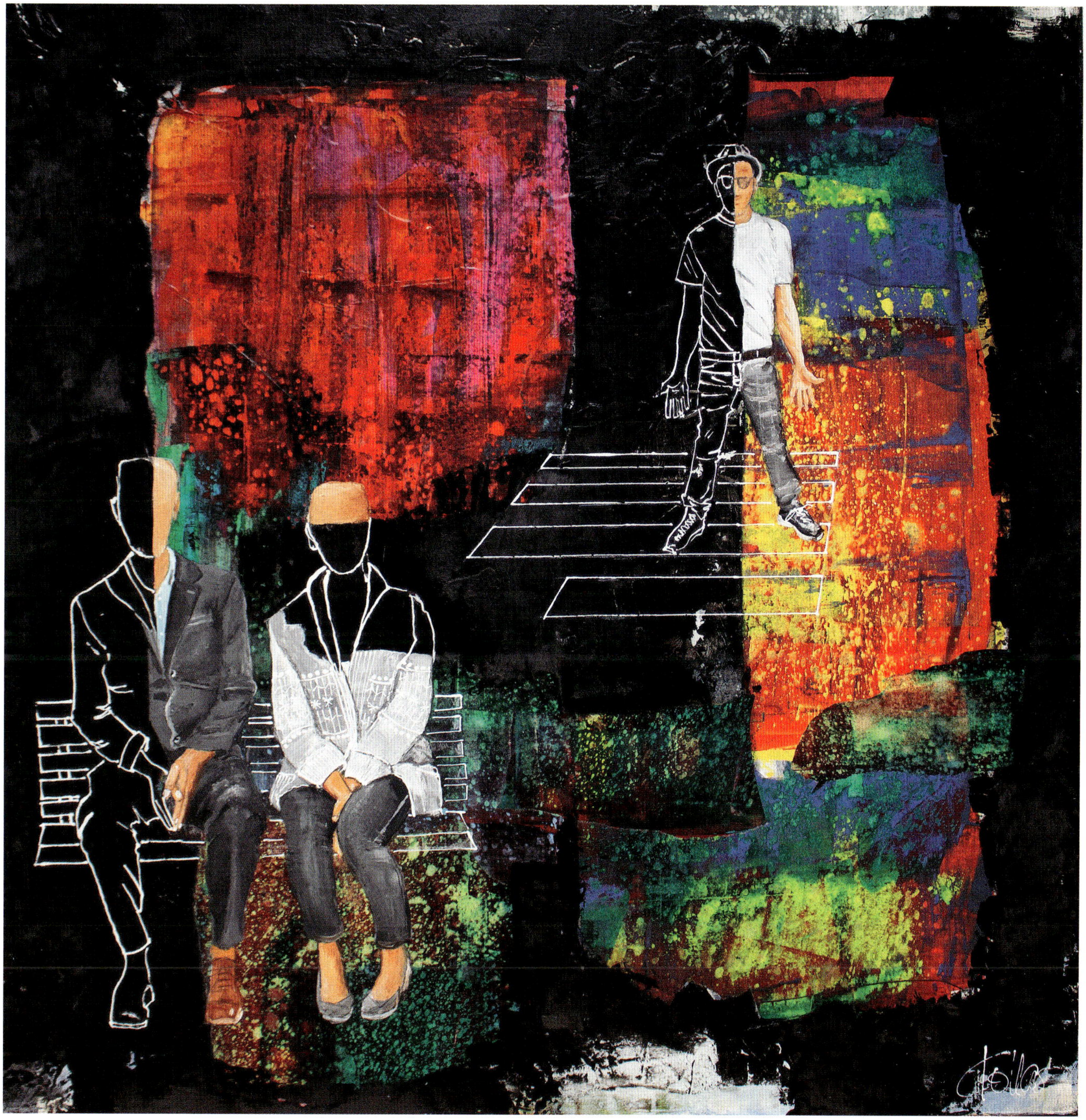

Polaritäten IV
70 x 70 cm
MachART
Acryl und KOLLARiertes Chinapapier auf Leinwand
Figuren: Acryl, weiße Umrisse mit der Füllflasche gezogen

Obsttag

Die gesprenkelten KOLLARierten Farbflächen sind vielseitig einsetzbar.

Im folgenden Beispiel habe ich Äpfel vorskizziert. Für die runde Form wurde ein Glas zu Hilfe genommen. Anschließend freihand den Apfel in Form bringen.

TIPP Hierfür eignet sich ein Graphitstift oder Kohle.

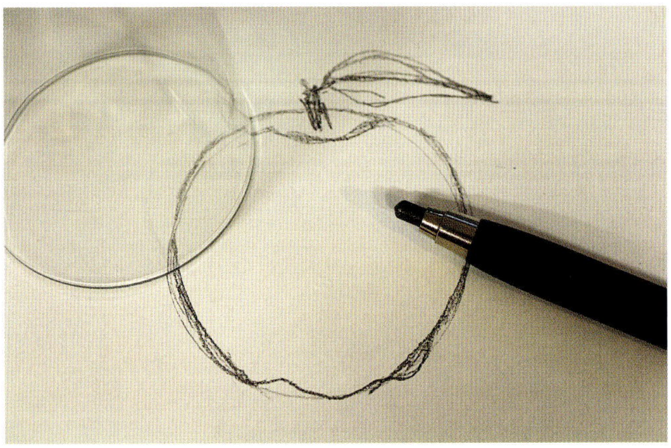

Äpfel skizzieren.

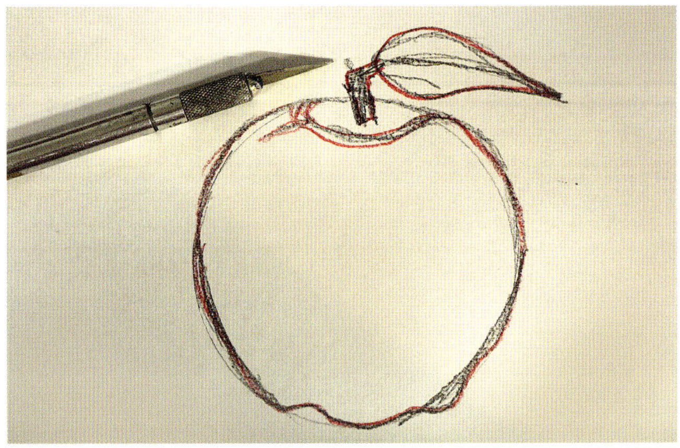

Mit einem Cutter die Umrisse ausschneiden.

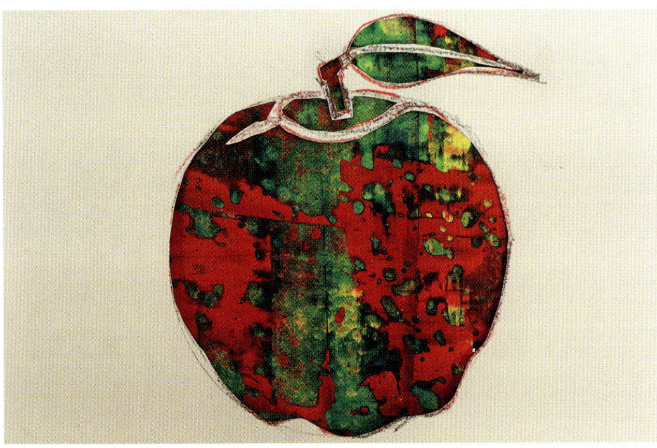

Mit der »Apfelschablone« die Umrisse auf das Chinapapier übertragen und ausschneiden.
Mit Binder aufkleben.

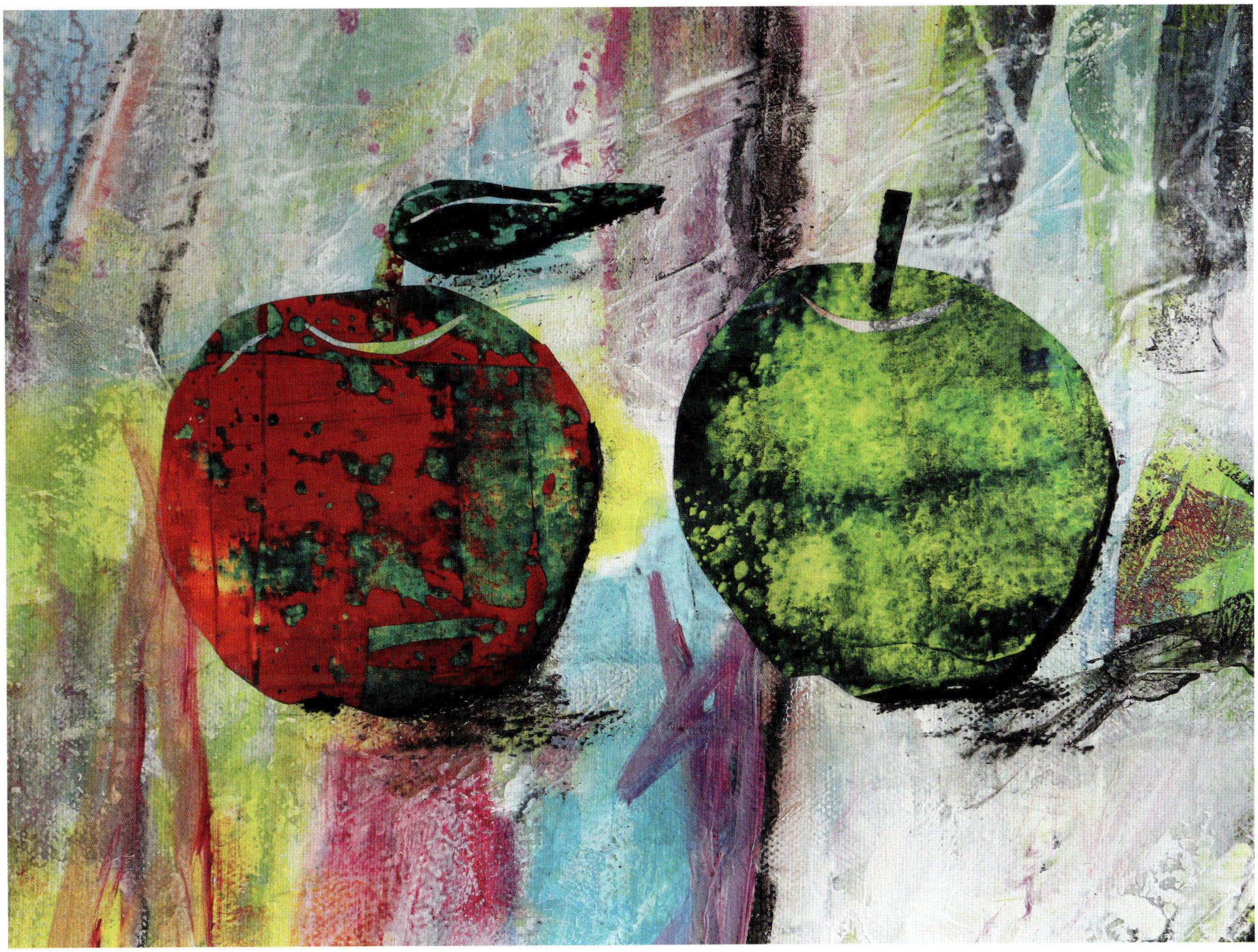

Detail aus dem Bild »Geht nicht – gibt's nicht 2«, bevor die Äpfel wieder übermalt wurden.

Ilse Aber, meine beste Malfreundin

Ilse und der »schöne Fleck«

Ilse war im Laufe der Zeit sehr experimentierfreudig geworden. Es wurde ge- und verspachtelt, gerührt und geschüttet, gesprüht, aufgetragen, gekratzt und geritzt, ent- und verworfen.
Die Familie hatte sich ebenfalls mit der Situation gut abgefunden und stelle im Moment keine Anforderungen mehr.

»Ines, kannst du mal zu mir kommen, ich weiß nicht weiter …« Mit zusammengekniffenen Augen schaute Ilse auf das Bild.
»Was sagst du dazu?« Eigentlich kannte Ilse die Antwort. Gut, meiner Meinung nach war es ein schöner Untergrund, ein guter Anfang. Dieser Status macht einem aber noch einen Haufen Arbeit.
»Was möchtest du denn hören?«
Nach dem üblichen Abfragen und Ilses Antworten: Was gefällt dir, was stört dich, machte ich mehrere Vorschläge.
»Du könntest diese Fläche noch lasieren oder hier eine Verbindung schaffen oder diesen Teil bearbeiten.«
»Nein, Ines«, meinte Ilse sehr entschieden, »dieser Fleck ist total schön und da gehe ich auf keinen Fall drüber. Guck doch mal, wie schön die Farben da schillern. Nee, das werde ich nicht versauen!«
»Ilse, das hatten wir doch schon öfter.«

Aus irgendwelchen Gründen wird das Bild, erst schleichend und dann sehr bestimmend, ungefragt zur Chefin. Suggeriert einem: Da lass mal lieber deine Finger von. Um dir dann leise ins Ohr zu flüstern: »Tue es nicht! Du wirst es den Rest Deines Lebens bereuen. Es geht immerhin um ein Bild!«

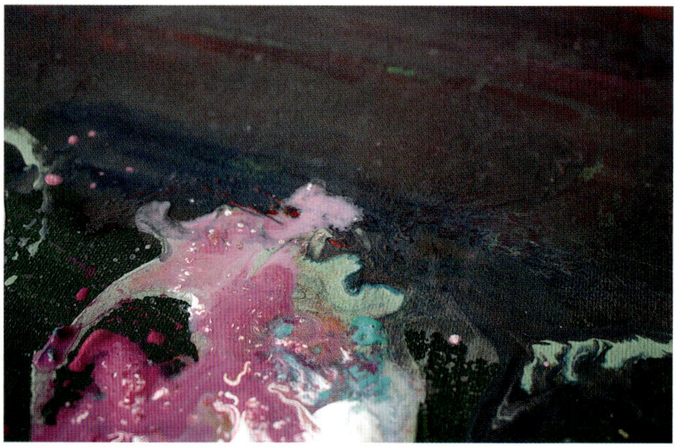

»Ok, es ist nichts Weltbewegendes, aber ich finde den Fleck nun mal richtig schön und das kriege ich nie wieder so hin!«
»Ist klar, das sind dann die angefangenen Originale, die in der Ecke ein ungeliebtes Dasein fristen und zum Patienten werden. Da hat sich der ›schöne Fleck‹ aber schnell einen Aufsichtsratsposten gesichert.«
Ilse lachte und fand dann den schönen Fleck nun auch nicht mehr so lebensnotwendig, aber irgendwie schon noch erhaltenswert.
»Aber guck doch mal, wie schön er ist!«
»Ach so, dann kreiselst du also um diesen ‚schönen Fleck' und setzt lieber einen Rüschenrand drumherum.«
»Nein, Ines, das habe ich nicht vor. Ich bearbeite den Rest (Anmerkung: immerhin 1 x 1 m) und spare das Teil einfach aus, oder so …«
»Na toll, dann hast du einen Quadratmeter: ‚Na ja geht so, aber nicht schön', mit einem wunderschönen, fliegenpups großen schönen Fleck. Und den auch noch ziemlich mittig.«
»Ok«, meinte Ilse, sich selber versöhnlich stimmend, »ich denke noch einmal darüber nach und probiere noch was aus.«
Ilse versuchte ihr Bestes und verkündete dann fest entschlossen: »Ich mach beim nächsten Mal weiter …«

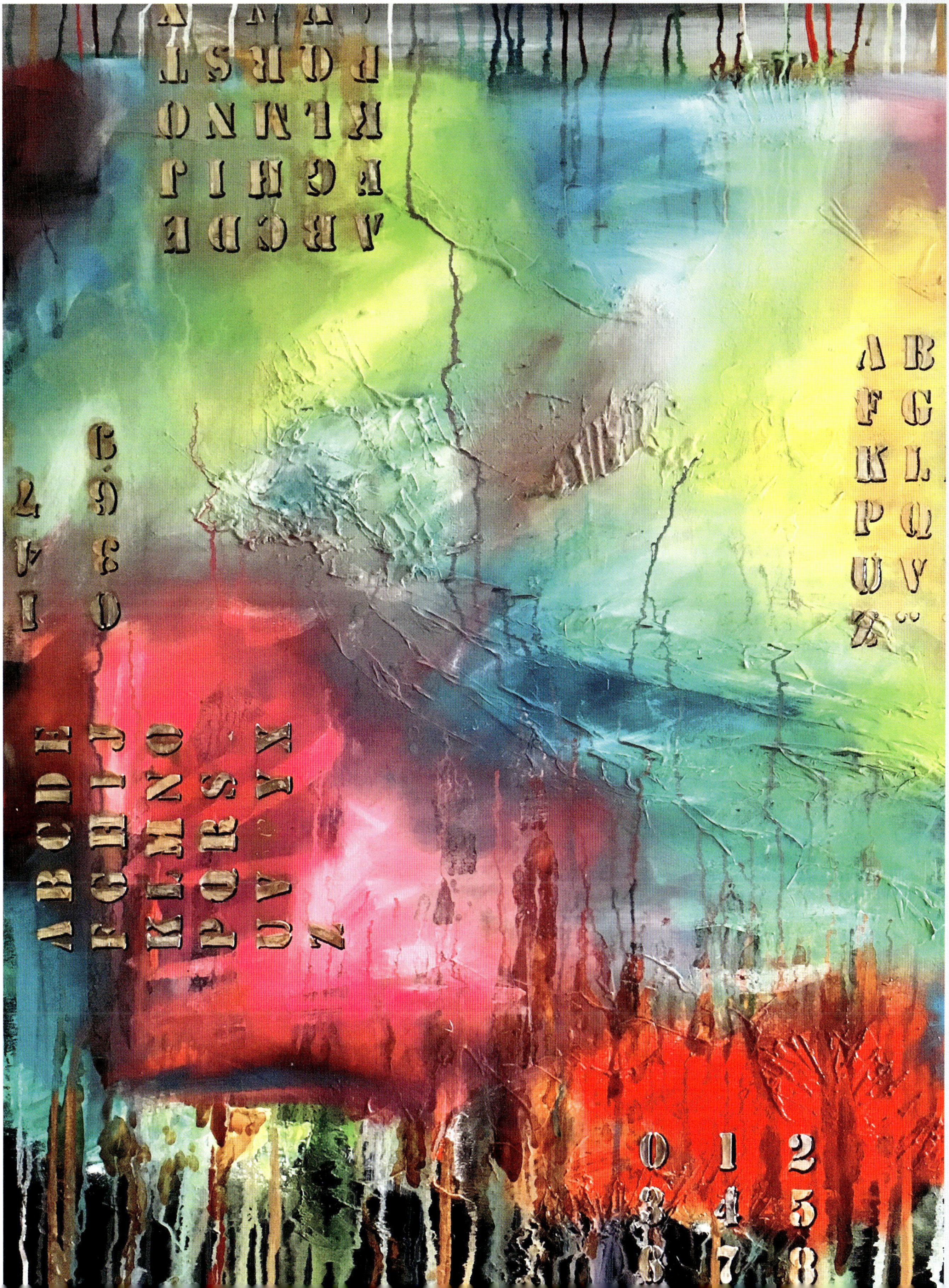

Bildbeispiele

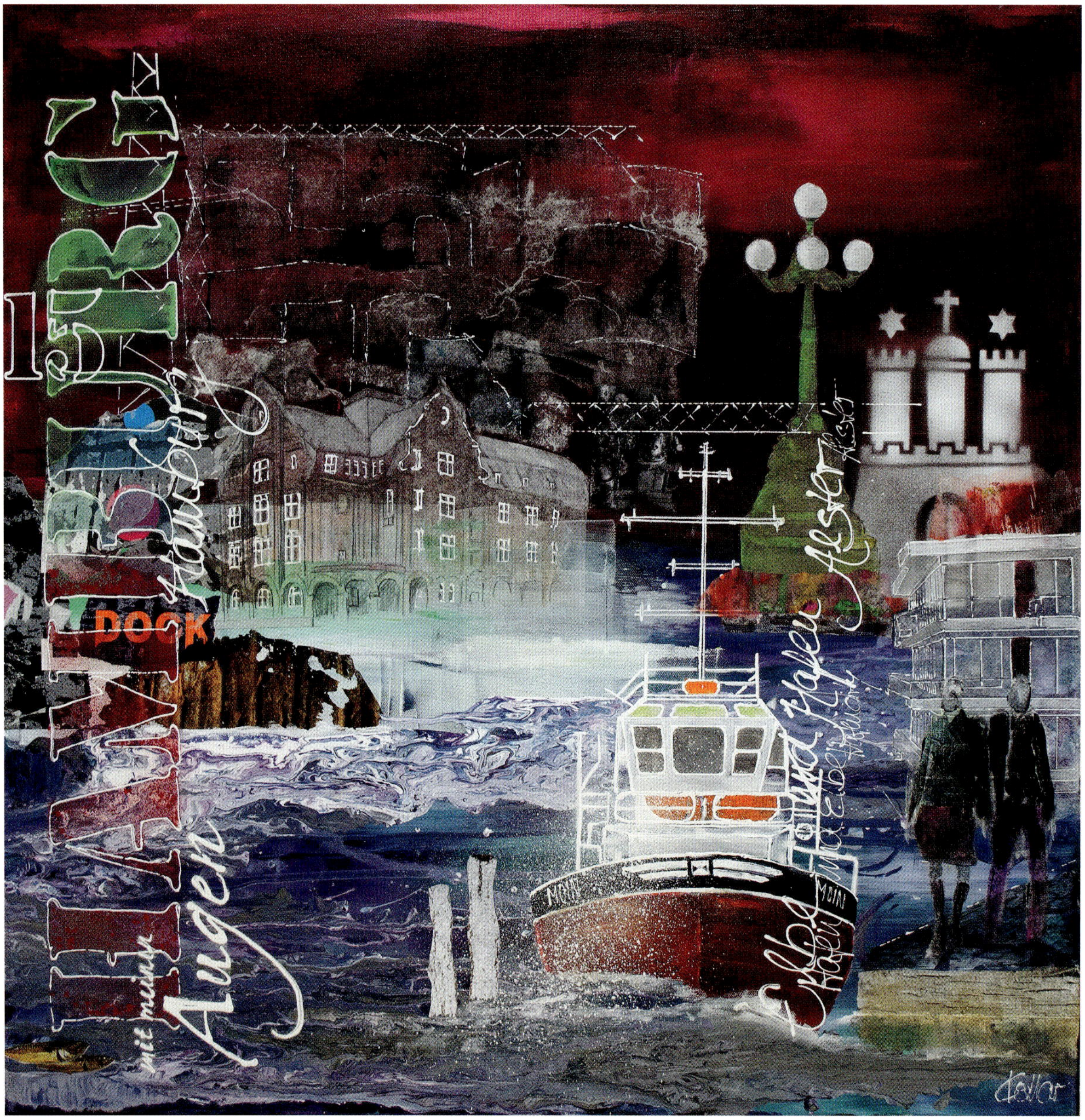

Hamburg XV, 80 x 80 cm

MachART

Acryl, gemalt: Gebäude, Schlepper und Laterne
Figuren: Monotypie, Handschrift mit der Füllflasche, Wasser: Pouring, Schablonen: »Hamburg Tor« und Schriftzüge sind selbst gemacht

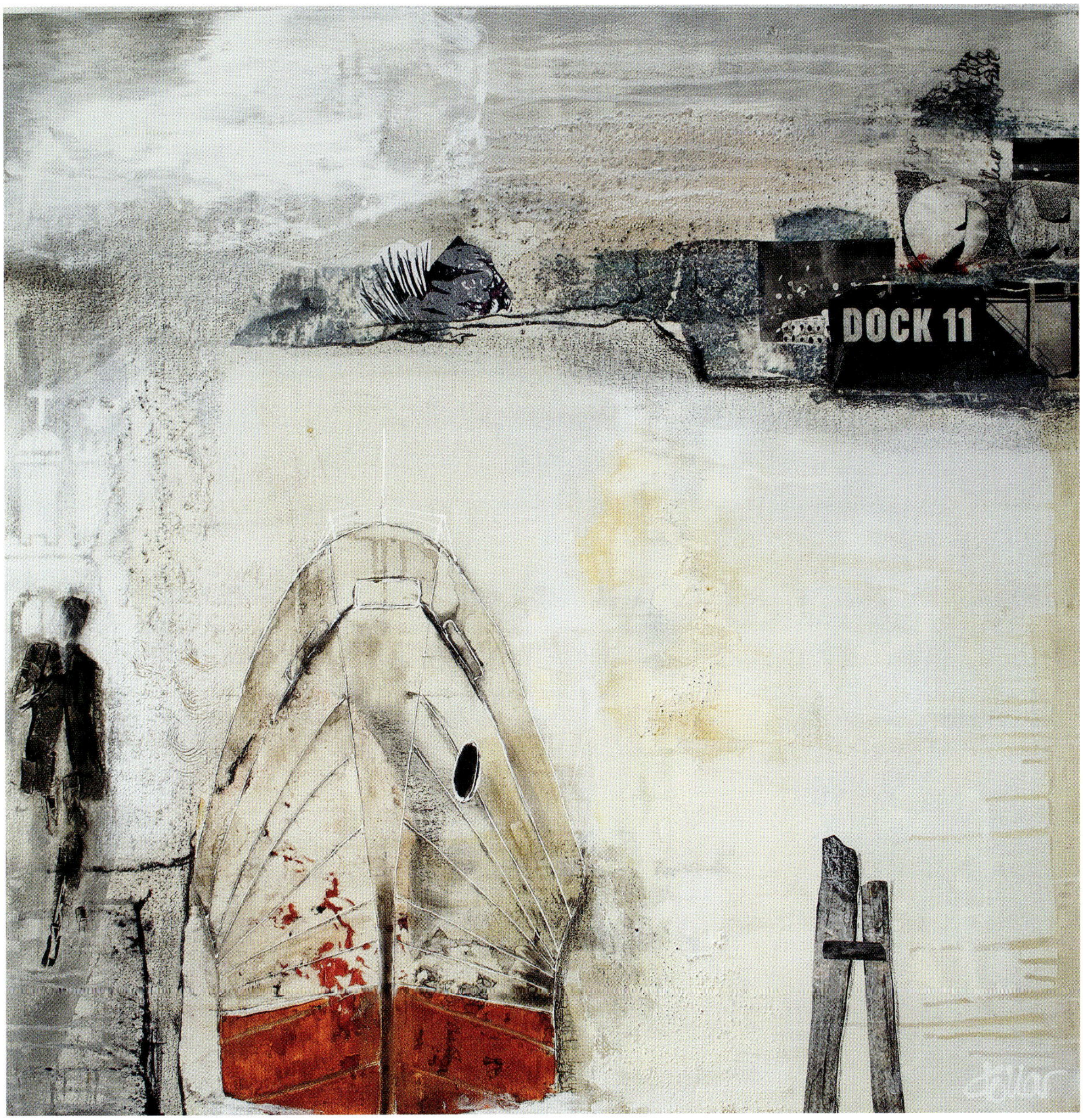

Hamburg XI

80 x 80 cm

MachART

Acryl, gemalt: Untergrund, Duckdalben und Schiff, Figur: Monotypien, oben rechts: Plakatstücke und Monotypien, Schablonen: »Hamburg Tor«

Danke an

... meine Schwiegertochter Marion für die juristische und seelische Unterstützung und das Durchkauen des Vertrags.

... an Matze Lange und meinen Sohn Benny für die monatelang geliehenen Kameras. Ich habe nun gelernt, dass der »Body« nicht das Wichtigste ist, sonders das Objektiv. Ist irgendwie wie im richtigen Leben.

... meine Schwiegertochter Nina für das Korrigieren meines Manuskripts. Da hat sich doch das Studium der Literaturwissenschaft mal gelohnt! Nachträglichen Dank an deine Mutter, die das ermöglicht hat. Danke, Uschi!

... meine Großfamilie. Meine Söhne, Vizekinder, vier Schwiegertöchter und die besten Enkel der Welt.

... unsere Freunde, die auch noch nach Jahrzehnten mit meinen künstlerischen Eskapaden fertig werden. Und immer noch freundliches Interesse und Erstaunen aufbringen können (oder zumindest so tun) für das, was gerade ist oder sich nun noch wieder in Planung befindet. Danke für die offenen und geliehenen Ohren, Kritiken, Zusprüche und Wertschätzungen.

... meine Kursteilnehmer, die im Lauf der Jahre reichlich Material für ALLES, insbesondere für die Ilse-Episoden, geliefert haben. Die geduldig meine Geschichten, Texte und Bilder begutachten mussten, ob sie wollten oder nicht. Irgendwann schreibe ich mal ein Buch ...

... und ganz besonders an meinen Mann Jürgen Zocher. Und wie eine Schwiegertochter sagt: »Er ist so eine coole Socke.« Das stimmt! Danke für deine moralische Unterstützung, die Ruhe, die du immer behältst, die Hilfe bei allen technischen Problemen, die Versorgung mit literweise Kaffee und Tee, das Rückenfreihalten, die hundert anderen Sachen, und überhaupt: Großer, du bist für mich auch großartig!

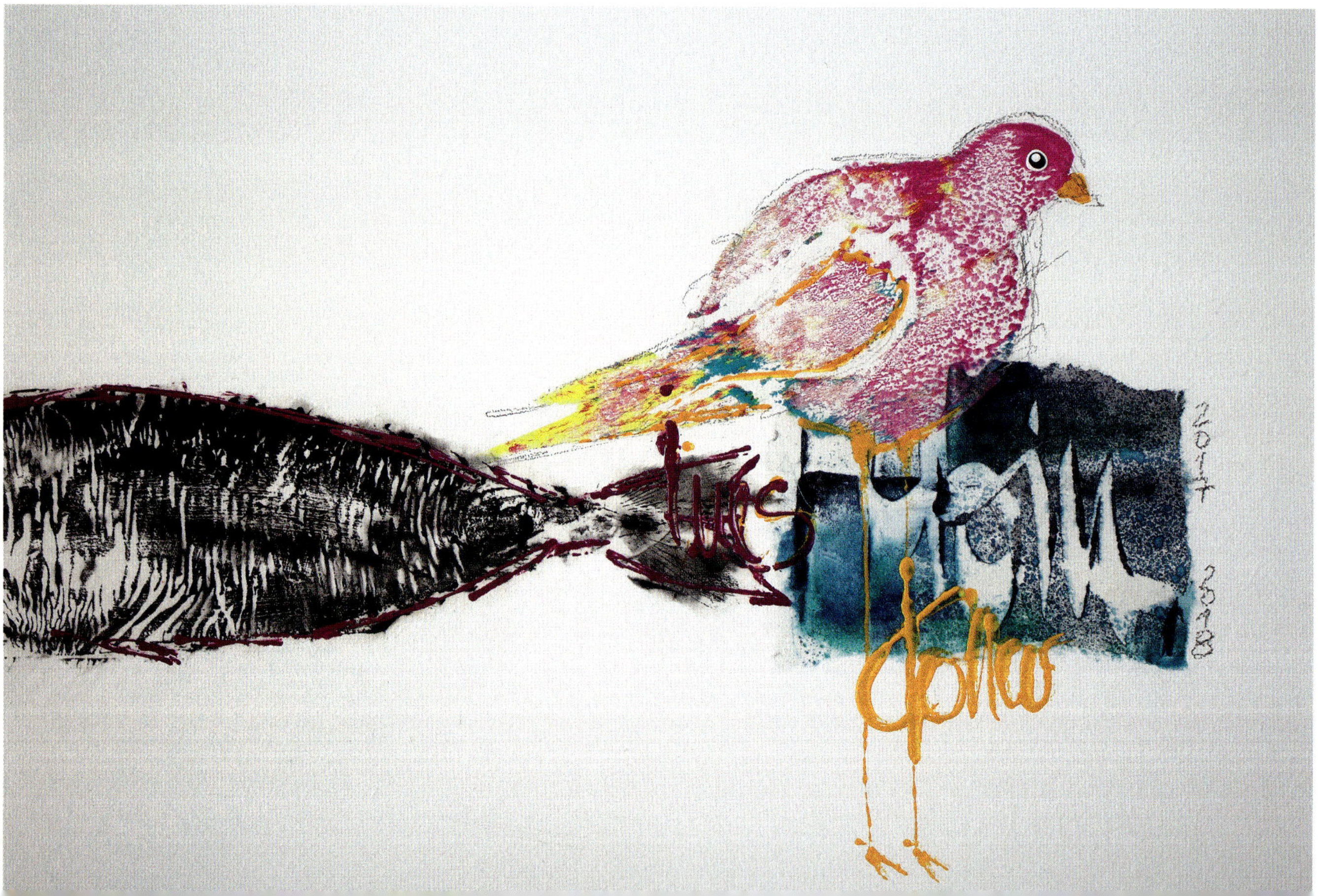

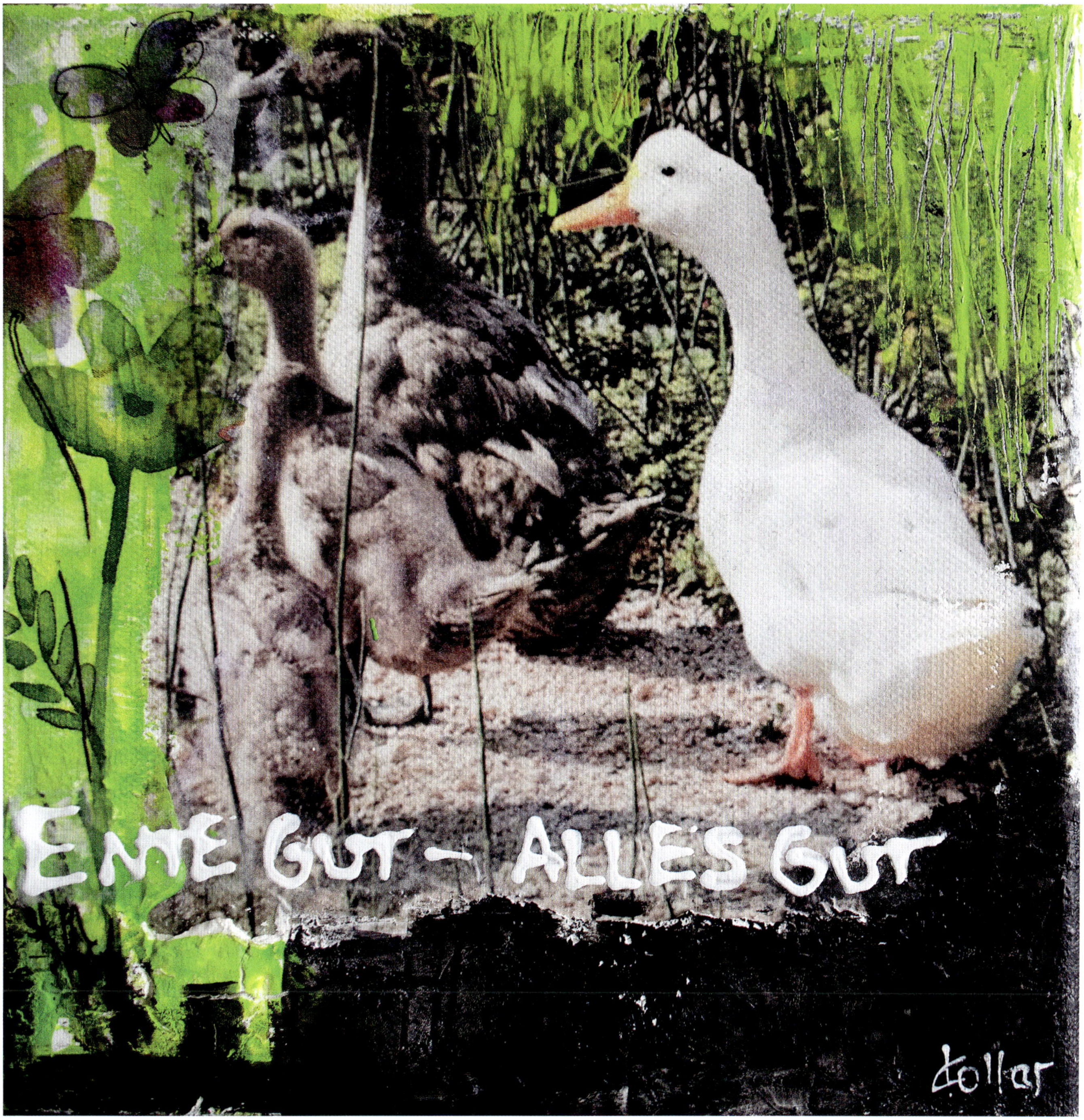

Ente gut, alles gut!
20 x 20 cm
MachART
Acryl, Marmormehl, Monotypie, Transfer und Schrift auf Leinwand

Impressum

Fotos: Ines Kollar
Foto Seite 7: Sigrun Strangmann Photography
Produktmanagement: Maria Möllenkamp
Redaktion: Gertrud Döffinger
Umschlaggestaltung: Guter Punkt, München
Satz: graphitecture book & edition
Repro: Ludwig:media, Zell am See
Herstellung: Bettina Schippel, Stephanie Schlemmer
Printed in: Italy by Printer Trento

Sind Sie mit diesem Titel zufrieden?
Dann würden wir uns über Ihre Weiterempfehlung freuen. Erzählen Sie es im Freundeskreis, berichten Sie Ihrem Buchhändler oder bewerten Sie bei Onlinekauf.
Und wenn Sie Kritik, Korrekturen, Aktualisierungen haben, freuen wir uns über Ihre Nachricht an:
Christian Verlag, Postfach 40 02 09,
D-80702 München
oder per E-Mail an: lektorat@verlagshaus.de.

Unser komplettes Programm finden Sie unter
www.christophorus-verlag.de

Die Deutsche Nationalbibliothek verzeichnet diese Publikation in der Deutschen Nationalbibliografie; detaillierte bibliografische Daten sind im Internet über http://dnb.d-nb.de abrufbar.

ISBN 978-3-86230-402-8

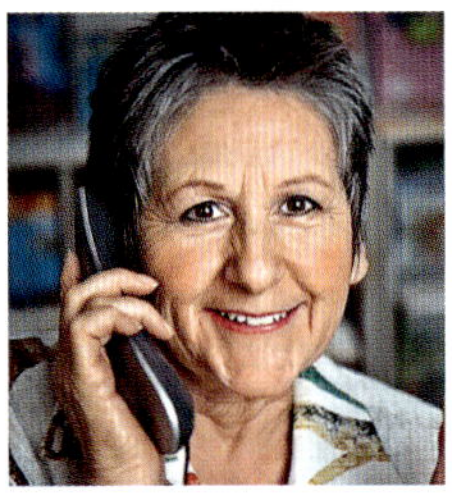

KREATIV-SERVICE

Sie haben Fragen zu den Büchern und Materialien? Frau Erika Noll ist für Sie da und berät Sie rund um alle Kreativthemen. Rufen Sie an!
Wir interessieren uns auch für Ihre eigenen Ideen und Anregungen. Sie erreichen Frau Noll per
E-Mail: **mail@kreativ-service.info** oder Tel.: **+49 (0) 5052 / 91 18 58**

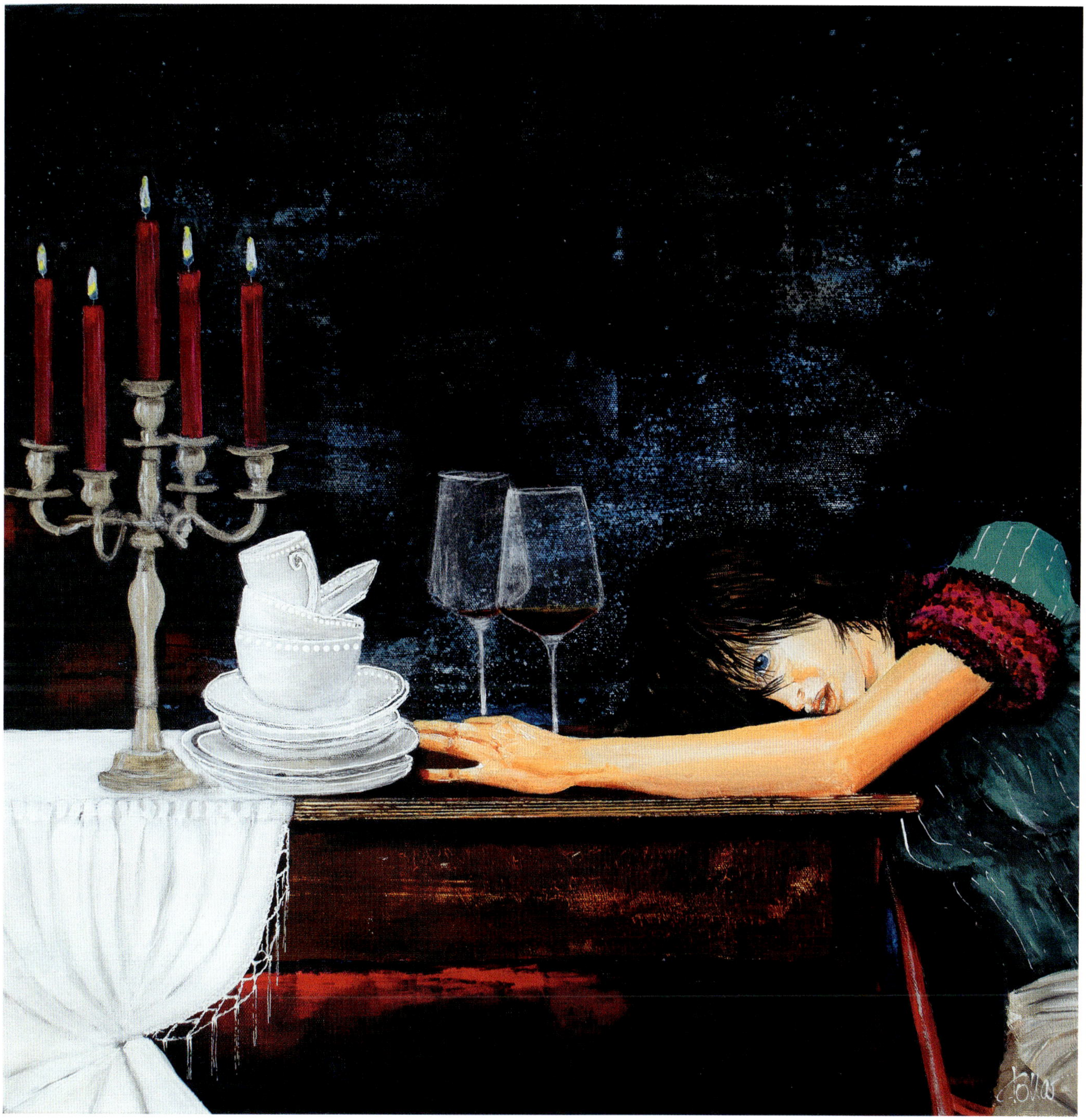

Schön war´s
60 x 60 cm
MachArt
Acryl auf Leinwand

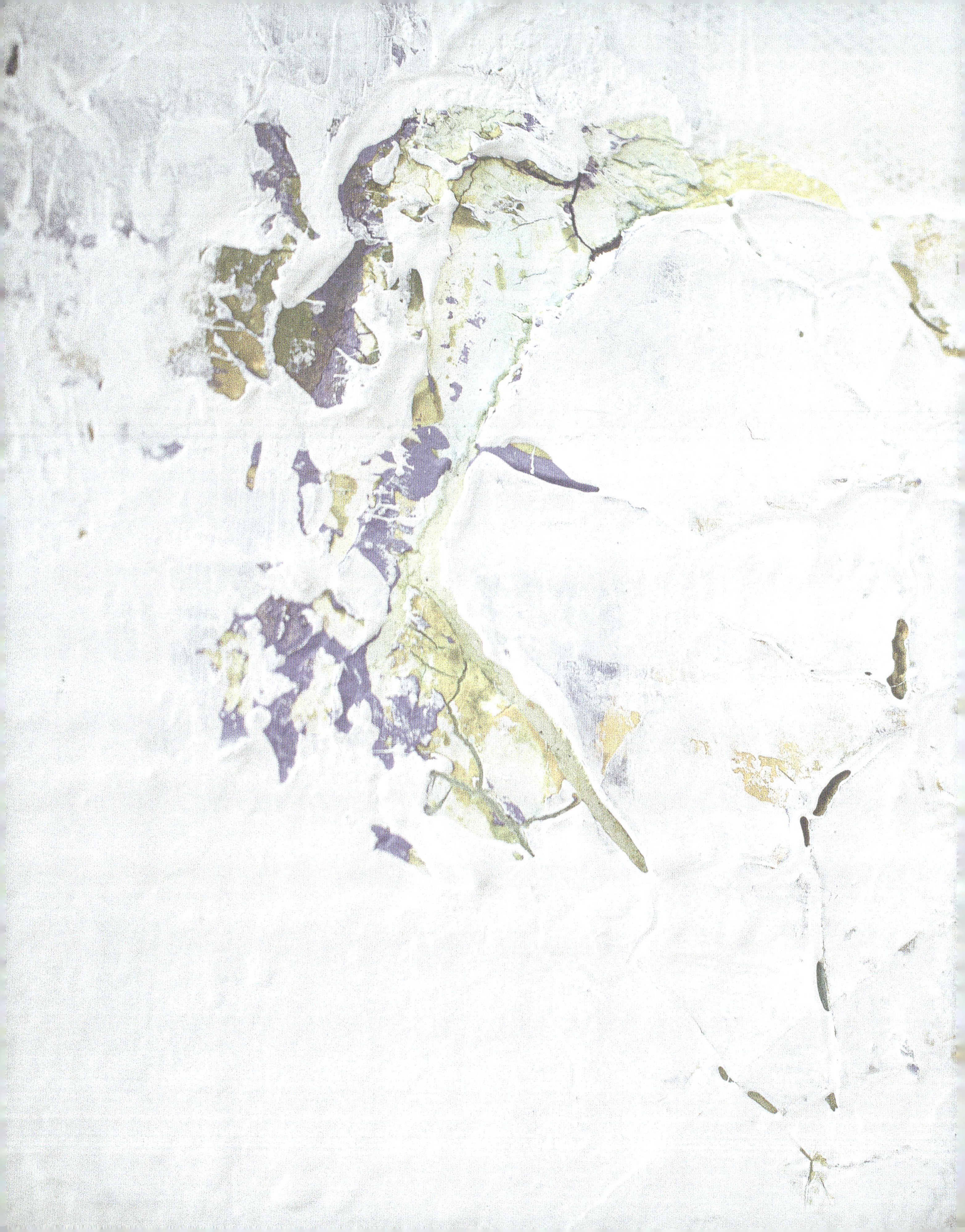